职业技能等级认定培训教程

劳动保障协理员

（基础知识）

中国就业培训技术指导中心　　组织编写
中国就业促进会

中国劳动社会保障出版社

图书在版编目(CIP)数据

劳动保障协理员：基础知识/中国就业培训技术指导中心，中国就业促进会组织编写. -- 北京：中国劳动社会保障出版社，2024. --（职业技能等级认定培训教程）. --ISBN 978-7-5167-6561-6

Ⅰ.D669.2；D632.1

中国国家版本馆 CIP 数据核字第 20243VW566 号

中国劳动社会保障出版社出版发行

（北京市惠新东街 1 号　邮政编码：100029）

*

北京市科星印刷有限责任公司印刷装订　　新华书店经销

787 毫米 ×1092 毫米　16 开本　11.75 印张　192 千字

2024 年 11 月第 1 版　2024 年 11 月第 1 次印刷

定价：35.00 元

营销中心电话：400-606-6496

出版社网址：https://www.class.com.cn

版权专有　　侵权必究

如有印装差错，请与本社联系调换：（010）81211666

我社将与版权执法机关配合，大力打击盗印、销售和使用盗版图书活动，敬请广大读者协助举报，经查实将给予举报者奖励。

举报电话：（010）64954652

编审委员会

主　　任　吴礼舵　张　斌　韩智力
副 主 任　葛恒双　葛　玮
委　　员　李　克　朱　兵　赵　欢　王小兵　贾成千　吕红文
　　　　　　　瞿伟洁　高　文　郑丽媛　陆照亮　刘维伟

本书编写委员会

主　　任　张小建
副 主 任　柏　莉　章　谦　李燕萍
技术顾问　田光哲
主　　编　邓宝山
副 主 编　李燕萍　杨剑锋　许可林　胡珍剑
编　　委　谈宇德　田　颖　赵家强　刘欣妍　苏　颖　宋晶梅
　　　　　　　寇　蕊　李　敏　李　娴　杨　明　杞　璇　王　君
　　　　　　　王　力　于　莹　张　帆　倪　利　张雪晶　韦　嘉
　　　　　　　何家驹　陈　建　吴　云　代　羽　王晓春

前　言

为加快建立劳动者终身职业技能培训制度，全面推行职业技能等级制度，推进技能人才评价制度改革，进一步规范培训管理，提高培训质量，中国就业培训技术指导中心、中国就业促进会组织有关专家在《劳动保障协理员国家职业标准（2023年版）》（以下简称《标准》）制定工作基础上，编写了劳动保障协理员职业技能等级认定培训教程（以下简称等级教程）。

劳动保障协理员等级教程紧贴《标准》要求编写，内容上突出职业能力优先的编写原则，结构上按照职业功能模块分级别编写。该等级教程共包括《劳动保障协理员（基础知识）》《劳动保障协理员（五级）》《劳动保障协理员（四级）》《劳动保障协理员（三级）》4本。《劳动保障协理员（基础知识）》是各级别劳动保障协理员均需掌握的基础知识，其他各级别教程内容分别包括各级别劳动保障协理员应掌握的理论知识和操作技能。

本书是劳动保障协理员等级教程中的一本，是职业技能等级认定推荐教程，也是职业技能等级认定题库开发的重要依据，适用于职业技能等级认定培训和中短期职业技能培训。

本书在编写过程中得到有关单位的大力支持与协助，特别是任莉、纪晓筠、张惠新、范磊、隋青、覃超、薛长礼等同志提供了大量素材，在此一并表示衷心感谢。

中国就业培训技术指导中心

中国就业促进会

目 录 CONTENTS

职业模块 1　职业道德与职业素养 ·· 1
　培训课程 1　职业道德 ··· 3
　培训课程 2　职业素养 ··· 7

职业模块 2　基层平台工作 ·· 13
　培训课程 1　基层平台工作概述 ·· 15
　培训课程 2　基层劳动就业和社会保障服务 ·· 20
　培训课程 3　基层平台标准化、信息化建设 ·· 25
　培训课程 4　基层平台社会调查与统计 ··· 33

职业模块 3　劳动就业基本理论知识 ··· 37
　培训课程 1　就业与失业概述 ·· 39
　培训课程 2　贯彻积极的就业方针和就业政策 ··· 48
　培训课程 3　建立健全公共就业服务体系 ··· 55
　培训课程 4　推动全方位公共就业服务 ··· 58
　培训课程 5　促进高质量充分就业的内涵 ··· 63

职业模块 4　劳动就业基本业务知识 ··· 67
　培训课程 1　夯实重点群体的就业服务 ··· 69
　培训课程 2　提供困难群体的就业援助 ··· 77
　培训课程 3　职业介绍与职业指导 ··· 82
　培训课程 4　创业服务与职业技能培训 ··· 86
　培训课程 5　劳动就业方面主要政策要点和对基层工作的要求 ······················ 97

职业模块 5　社会保险基本知识 ····· 105
培训课程 1　社会保险概述 ····· 107
培训课程 2　社会保险的主要内容 ····· 112

职业模块 6　退休人员社会化管理服务 ····· 123
培训课程 1　退休人员社会化管理服务概述 ····· 125
培训课程 2　退休人员社会化管理服务的形式和主要内容 ····· 130
培训课程 3　企业及相关方面的责任和义务 ····· 136

职业模块 7　劳动关系协调和维权基本知识 ····· 139
培训课程 1　劳动关系管理基本知识 ····· 141
培训课程 2　劳动争议处理基本知识 ····· 147

职业模块 8　相关法律法规知识 ····· 155
培训课程 1　《中华人民共和国劳动法》相关知识 ····· 157
培训课程 2　《中华人民共和国就业促进法》相关知识 ····· 160
培训课程 3　《中华人民共和国劳动合同法》相关知识 ····· 166
培训课程 4　《劳动保障监察条例》相关知识 ····· 177

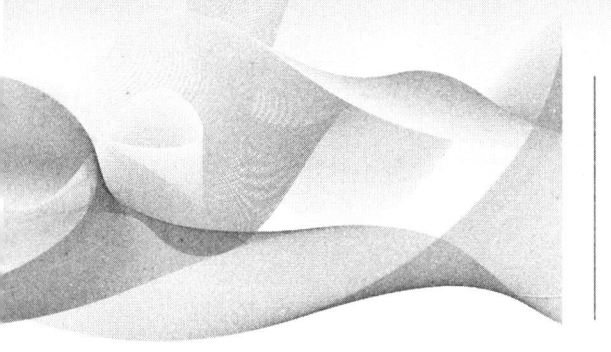

职业模块 ①
职业道德与职业素养

培训课程 1

职业道德

1. 掌握职业道德和职业守则的基本概念。
2. 联系自身工作实际,理解遵守职业道德和职业守则的重要意义。

一、职业道德

1. 职业道德的概念

道德是指以善恶为标准,通过社会舆论、内心信念和传统习惯来评价人的行为,调整人与人之间、人与社会之间相互关系的准则和行为规范的总和。道德往往代表着社会的正面价值取向,具有判断行为正当与否的作用。

职业道德是指职业活动中的道德要求和行为准则。它既是职业活动的行为规范,也是从业人员对社会应承担的道德责任和义务。职业道德体现了人们的职业良心、职业态度、职业行为、职业活动以及各种职业关系,它存在于各种职业活动之中,对规范和约束从业人员的职业行为具有重要的作用。

职业道德是道德的重要组成部分。为人民服务是社会主义职业道德的核心,集体主义是社会主义职业道德的基本原则,爱祖国、爱人民、爱劳动、爱科学、爱社会主义是社会主义职业道德的基本要求。爱岗敬业、诚实守信、办事公道、服务群众、奉献社会是各行各业应共同遵守的职业道德。

2. 职业道德的基本特征

(1)鲜明的职业性。职业道德与人们的社会分工和职业生涯紧密相连。人们在特定的职业活动中形成了特殊的职业关系、职业利益、职业活动范围和方式,由此形成了不同职业人员的道德规范。

（2）范围的有限性。职业道德反映着特定职业活动对从业人员行为的道德要求，在适用范围和对象上不是普遍的、无限的，而是特定的、有限的。每一种职业道德只能规范本行业从业人员的职业行为，在特定的职业范围内发挥作用。

（3）内容的多样性。由于各种职业独特的服务内容、服务对象和服务方式，以及对社会所承担的职责不同，其职业道德的内容要求也有所不同。同时，即使在同一职业领域，每个人的具体工作岗位和业务活动不同，对职业道德的要求也是不同的。职业道德是多种多样的，有多少种职业就有多少种职业道德。

（4）相对稳定性和连续性。由于职业具有不断发展和延续的特征，人们在各自职业的长期实践中会形成某种特殊的职业心理、职业习惯、职业传统、职业意识和职业行为，并且在一种职业中世代相传，其对应的职业道德也具有历史继承性。尽管随着时代、社会的发展，职业道德也会发生某些变化，产生新的内容和要求，但并不会完全消失，呈现出相对的稳定性和连续性。

3. 职业道德的作用

（1）有利于提升从业人员的职业素质，促进事业发展。从业人员职业素质的高低是一个行业、一个部门树立社会公众形象的关键，决定着行业、部门的信誉和口碑。当人们确立了一定的职业道德观念，并把它作为自己的信念后，就会产生一种高尚的责任感，就会充分发挥积极性和创造性，消除不负责任、斤斤计较、粗制滥造及其他不良现象，进而达到崇高的职业道德境界，自觉地做好本职工作。因此，职业道德能激发从业人员履行职业责任的内在驱动力，促使其树立正确的职业态度，珍惜职业荣誉，努力提高职业技能，遵守职业纪律，促进事业的发展。

（2）有利于调整职业关系，为共同的目标努力奋斗。职业道德具有调节的功能。一方面，职业道德可以调节从业人员内部的关系，即运用职业道德规范约束职业内部人员的行为，促进职业内部人员的团结与合作。另一方面，职业道德可以调节从业人员和服务对象之间的关系，如产业工人与用户、营销人员与顾客、医生与病人、教师与学生之间的关系等。同时，职业道德能够调节职业与职业之间的关系，使不同职业之间相互支持、相互帮助、团结协作，为实现共同的目标而努力奋斗。

（3）有利于个人职业生涯发展，实现人生价值。每个人都有实现自身价值的理想和愿望，而自身价值则是可以通过工作、事业成功来实现的。职业道德是促进事业成功的重要条件,职业道德水平的提高有利于人们思想道德素质的整体提高,它可以指导从业人员在职业岗位上确立崇高的人生目标,遵守正确的职业行为,培养良好的职业习惯,以端正的态度对待自己的工作岗位,自觉承担起本职业对社会、对团体、对他人的责任和义务,以高度的责任感和使命感为社会提供良好的服务,从而实现人生价值。

(4)有利于提高整个社会的道德风尚。职业是个人与社会交往的交汇点,职业行为是个人与社会进行交往联系的基本方式。人的品德、精神境界、价值观念主要通过职业行为体现出来,职业行为充分展示一个人的精神风貌和道德情操。职业岗位是培养人格的最好场所,也是表现人格的最佳场所。人们在职业交往中将好的职业素养不断地传递给工作对象,从而使自己的工作对象心情舒畅,并把这种情感体验转化为自己的行为,同时再传递给其他工作者。如此往复,必然形成彼此尊重、互相关心、互相帮助、友爱和谐的社会新风尚。同时,人们根据一定的职业道德标准,对违背职业道德的行为进行批评和监督,形成强大的社会舆论,纠正不正之风,提高整个社会的道德风尚。

二、职业守则

职业守则是指从事职业必须遵守的规则,是职业道德的具体体现。劳动保障协理员的职业守则包括:熟知法律法规,认真贯彻执行;掌握岗位业务,胜任岗位工作;恪守职业道德,爱岗敬业创新;坚持以人为本,提供优质服务。

1. 熟知法律法规,认真贯彻执行

熟知法律法规,认真贯彻执行是劳动保障协理员必须遵守的职业准则。法律法规是党和国家为实现一定历史时期的任务而规定的具体行动准则,是党的路线和方针的具体体现,是国家和人民的根本利益所在。严格执行法律法规是劳动保障协理员的责任和义务,是劳动保障协理员遵守职业道德的重要体现。

2. 掌握岗位业务,胜任岗位工作

掌握岗位业务,胜任岗位工作是对劳动保障协理员的基本工作要求。业务能力的高低决定着一个人的工作能力、工作质量和工作水平。劳动保障协理员应熟悉自己的业务工作,熟练掌握工作内容、工作流程、工作要求,才能做好服务工作。

3. 恪守职业道德,爱岗敬业创新

恪守职业道德是劳动保障协理员应遵循的基本准则。只有在日常工作中能够

恪守职业道德，才能做到爱岗敬业；以恭敬、严肃、负责的态度，扎扎实实做好各项工作，才能时刻保持勤奋好学的精神和求实创新的工作作风，不断开拓工作新局面。

4. 坚持以人为本，提供优质服务

坚持以人为本，提供优质服务是劳动保障协理员工作的出发点和落脚点。坚持以人为本就是把帮助服务对象解决实际问题作为首要职责。提供优质服务就是把满足服务对象的合理需求作为工作目标。

思考题

1. 什么是职业道德？
2. 职业道德的基本特征有哪些？
3. 联系实际谈谈自己对劳动保障协理员应遵循的职业道德和职业守则的理解和认识。

培训课程 2 职业素养

学习目标

1. 正确理解提升职业素养的重要意义。
2. 掌握通用能力和窗口服务行为规范的主要内容。

劳动保障协理员是在街道（乡镇）、社区（村）基层从事劳动就业、社会保障等公共服务工作的人员。劳动保障协理员所从事的工作直接关系到人民群众的切身利益，代表着党和政府的形象。因此，提高劳动保障协理员的职业素养，具有十分重要的意义。

一、劳动保障协理员的职业素质

1. 依法办事，依法律己

认真执行法律法规是劳动保障协理员的工作要求，知法守法是劳动保障协理员应尽的责任和义务。实现依法办事，依法律己具体应做到以下四点。

（1）认真学习劳动就业和社会保障相关法律法规，增强法律意识，提高遵纪守法的自觉性。

（2）主动向服务对象宣传相关法律法规，共同学法、守法和用法。

（3）在工作中严格要求自己，养成知法守法、廉洁奉公的良好习惯。

（4）严禁利用岗位之便以权谋私、违法乱纪。

2. 以人为本，乐于奉献

以人为本，乐于奉献是一种崇高的职业精神，体现在工作中就是坚持以人民为中心，真心实意地为服务对象办实事、解难题。实现以人为本，乐于奉献具体应做到以下三点。

（1）站在服务对象的角度思考问题，了解服务对象的真实需求。

（2）以方便服务对象为目标，以帮助服务对象为己任，想服务对象之所想，急服务对象之所急，想方设法帮助他们解决实际问题。

（3）积极主动、满腔热情地面对工作，以"辛苦我一人，造福千万家"的精神，把党和国家的温暖真正送到服务对象当中。

3. 忠于职守，尽职尽责

忠于职守，尽职尽责是做好本职工作，体现个人价值的基本前提。一个忠于职守、尽职尽责的人，无论遇到什么情况，都能做到严格要求自己，认真做好工作。实现忠于职守，尽职尽责具体应做到以下四点。

（1）严格执行岗位规范，办事公道，诚实守信，不弄虚作假。

（2）对工作认真负责，该自己做的事一定要做好，不敷衍了事；不该做的事、违反职责的事坚决不做。

（3）努力学习，注重自我知识的更新，不断提高业务能力和工作能力，让服务对象有更高的信任感、安全感和获得感。

（4）善于总结经验，勇于打破传统的思维方式和工作方法，创造性地开展工作。

4. 顾全大局，团结协作

劳动保障协理员的工作是最基层的工作，涉及千家万户，这就要求其必须做到识大体、顾大局、讲团结、善合作，只有这样才能更好地完成工作任务。实现顾全大局，团结协作具体应做到以下两点。

（1）凡事从大局出发，自觉做到局部利益服从全局利益，眼前利益服从长远利益，个人利益服从集体利益。

（2）遇事多为他人考虑，体谅他人的难处，主动与他人配合，积极完成工作任务。

5. 积极乐观，优质服务

积极乐观是一种人生态度，是提供优质服务的前提和保障。劳动保障协理员要与各种各样的人打交道，会遇到各种各样的问题，只有保持积极乐观的心态，冷静地面对问题和挑战，才能以饱满的热情面对服务对象，针对不同服务对象的特点开展工作，提供优质服务。实现积极乐观，优质服务具体应做到以下三点。

（1）态度积极向上，心平气和地面对服务对象，以热心、细心、耐心提供细致周到的服务和帮助，体现人文关怀。

（2）服务精准到位，能够根据不同的服务对象，有针对性地提供指导和帮助。操作规范便捷，符合规章、标准，流程简化通畅。

（3）讲求工作效率，对服务对象的需求快速反应，主动开展工作，尽快解决问题，不推诿，不拖拉。

二、劳动保障协理员的通用能力

通用能力是指劳动保障协理员在工作中应具备的基本能力，主要包括政策运用能力、沟通协调能力、计算机操作能力和新媒体运用能力。

1. 政策运用能力

人力资源社会保障工作的政策性强、涉及面广，不能有半点随意性，没有一定的政策运用能力便无法胜任工作。提高政策运用能力具体应做到以下三点。

（1）提升认识，在增强政策意识上下功夫。要从思想上高度重视政策的重要性，把讲政策、重程序、守规矩作为工作准则。

（2）加强学习，在提升能力上下功夫。学习政策的过程也是自我提升的过程，只有了解和熟悉政策，深刻领会政策内涵，才能不断提高政策运用水平，提高政策的执行力。

（3）不折不扣，在严格执行政策上下功夫。掌握政策的关键是执行好政策，落实好政策。在日常工作中要敢于坚持原则、认真履行职责，不能重人情轻原则，随意改变政策，也不能因人而异地执行政策，引发不公平而产生社会矛盾。

2. 沟通协调能力

沟通是人与人之间传递交流信息，表达思想感情的过程，协调是在沟通的基础上调整和改善各种利益关系。有效的沟通协调有利于确立彼此的信任关系，营造良好的工作氛围，保证工作目标的顺利实现。提高沟通协调能力具体应做到以下四点。

（1）清晰地表达个人的观点，使聆听者能够准确地理解和接收。

（2）善于倾听他人意见，不随意打断对方，尊重和包容不同的观点。

（3）及时修正不正确的信息，消除误会。

（4）站在对方的角度去考虑问题，使对方感受到尊重和诚意，增进相互理解。

3. 计算机操作能力

运用计算机开展工作是劳动保障协理员必备的技能。熟练地使用计算机不仅能大大提高工作效率，而且更符合标准化、规范化的工作要求。提高计算机操作能力具体应做到以下三点。

（1）了解计算机系统的基础知识，掌握计算机的基本操作方法。

（2）熟练使用各种常用办公软件，掌握文字编辑技巧、数据采集方法，以及电子表格处理、电子文稿演示等基本知识和操作技能。

（3）了解信息安全的基本知识。

4. 新媒体运用能力

新媒体是利用数字技术，通过计算机网络、无线通信网络、卫星等渠道，以及计算机、手机、数字电视机等终端，向用户提供信息和服务的传播形态，如门户网站、搜索引擎、微信、网络电视等。劳动保障协理员掌握一定的新媒体基本知识和操作技巧，能更便捷地为服务对象提供服务。具体应做到以下四点。

（1）会使用各种搜索引擎收集信息。

（2）了解主要新媒体平台的特点、功能和使用规则等。

（3）熟练使用微信、视频会议软件，掌握视频、音频等新媒体传播的基本方法。

（4）指导和帮助服务对象，通过自助设备、手机移动端 App 等渠道查询、办理相关业务。

三、劳动保障协理员的窗口服务行为规范

1. 仪表端庄，微笑服务

仪表是一个人精神面貌的外在体现，包括形体、语言、着装等。仪表端庄既能为自己增加自信，又是对他人的尊敬，能增强服务的可信度。仪表端庄，微笑服务具体应做到以下三点。

（1）着装得体。服装干净整洁，适合工作场合，不要穿过于花哨或裸露的衣服。

（2）语言得体。要根据服务对象的年龄、身份、学识选择说话方式。话语温和，不说粗话、脏话。

（3）仪态得体。始终面带微笑注视服务对象，站姿、坐姿端正，待人接物落落大方。

2. 诚恳待人，热情服务

诚恳待人是一种自我修养和为人处世的态度，热情作为一种精神状态可以相互感染。一个人有热情，工作就会有效率，同时也会使服务对象受到鼓舞。诚恳

待人，热情服务具体应做到以下三点。

（1）讲信用，能与人坦诚相待，乐于帮助他人。

（2）遇事不推诿，优先考虑服务对象的需求和便利，积极地为服务对象解决问题。

（3）始终以饱满的精神状态投入工作，真诚地对待服务对象。

3. 耐心倾听，温暖服务

耐心倾听是一个人良好素质的表现，也是尊重他人的表现。温暖服务就是在服务中从小事做起，注重细节。耐心倾听，温暖服务具体应做到以下三点。

（1）在与服务对象交流时应目光专注，注意从对方的表情、语气、手势中获取有效信息。

（2）注意从服务对象的表述中把握关键内容，用点头等方式表示认同，礼貌地解答问题或提出自己的观点。

（3）注重服务细节，如一个真诚的微笑，一个亲切的称呼，一杯温水，一句善意的提示等，这些举动看似微小，却能像一股暖流流入服务对象的心田，从而打动对方，获得其信任。

4. 文明用语，礼貌服务

文明用语是礼貌的表现形式，它不仅能提高沟通的效率，还能提高与服务对象交往的水准。文明用语，礼貌服务具体应做到以下三点。

（1）学习掌握常用的文明用语。

（2）掌握不同场合文明用语的使用，如问候、致谢、致谦、告别、回敬等。

（3）在与服务对象的交流中应掌握好语音、语调、语速，给人以亲切感和温和感，这也是对服务对象的一种尊重和理解。

思考题

1. 简述劳动保障协理员应具备的通用能力。

2. 简述劳动保障协理员的窗口服务行为规范。举一个实例谈谈如何提高劳动保障协理员的职业素质。

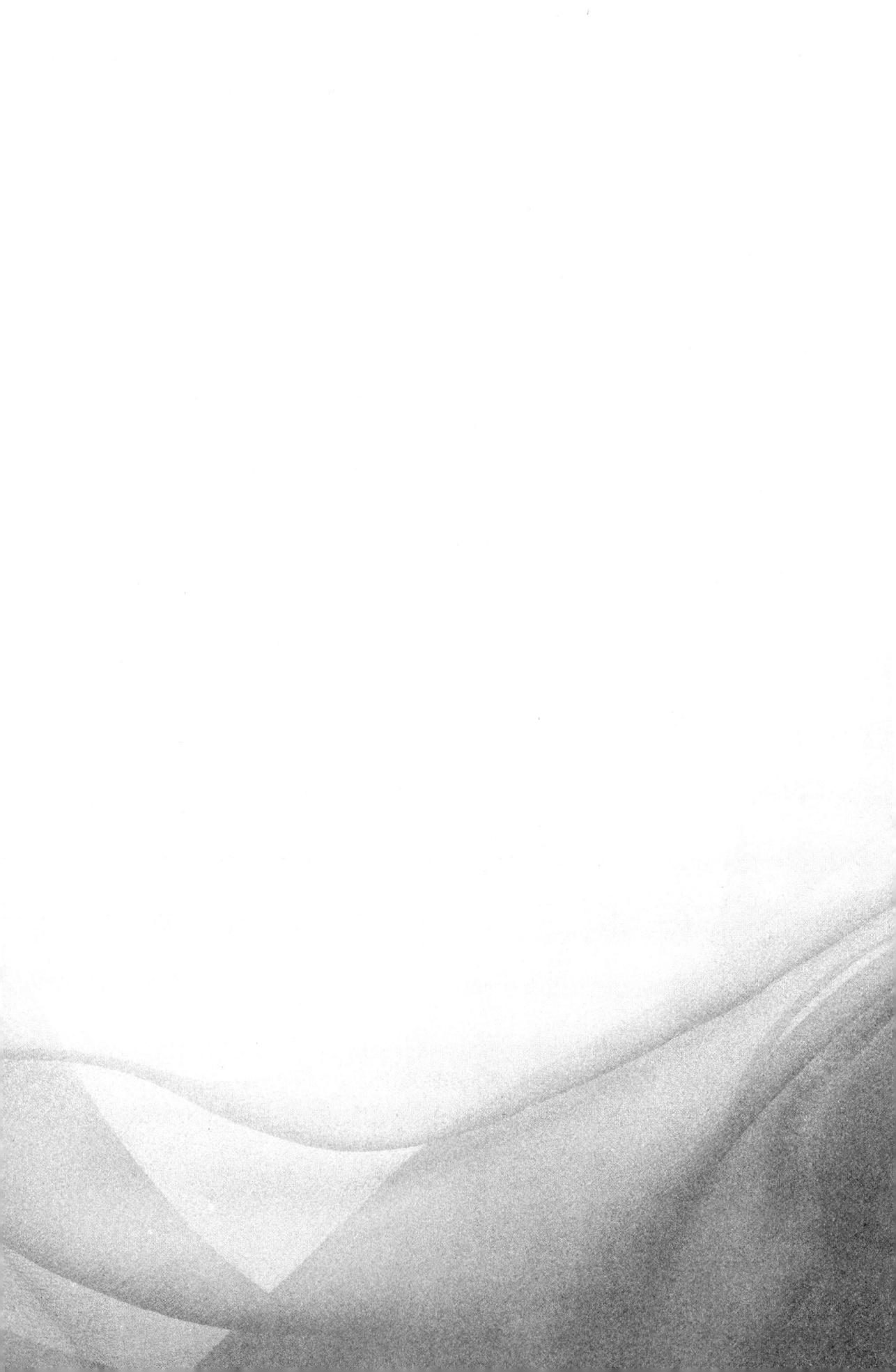

职业模块 ②
基层平台工作

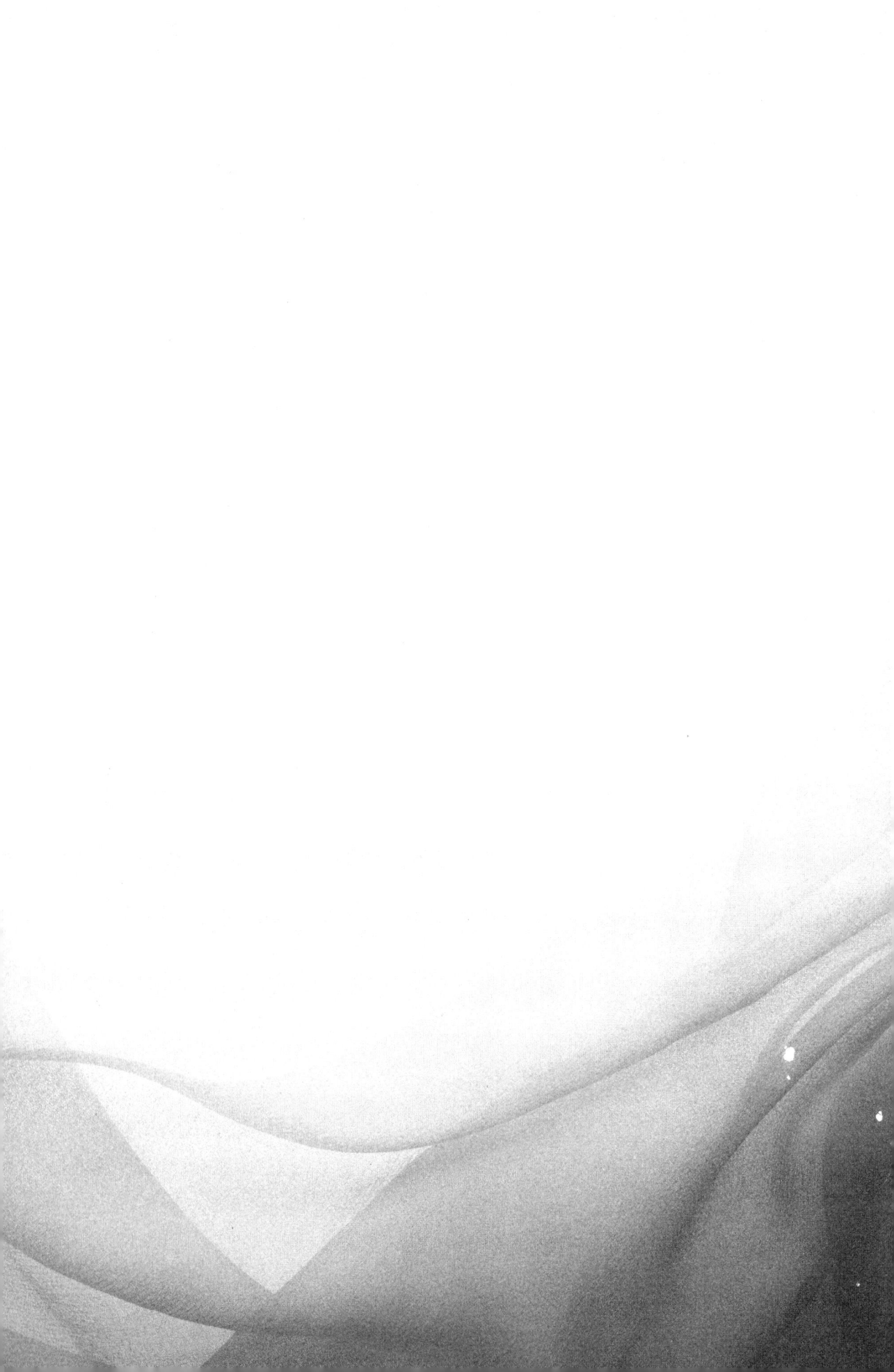

培训课程 1
基层平台工作概述

1. 掌握基层平台的基本概念。
2. 理解基层平台的工作意义。

一、基层平台的概念

基层平台是指以街道（乡镇）、社区（村）为依托，以劳动就业、社会保障、社会化管理服务等为主要服务内容，具有"一体化"民生服务特点的基层服务体系的统称。公共就业服务、社会保障服务是这一体系中的重要组成部分。

近年来，各地人力资源社会保障部门主动适应新时代基层人力资源社会保障服务发展需求，积极推进基层劳动就业和社会保障建设，认真落实人力资源社会保障部印发的《关于加强和改进人力资源社会保障领域公共服务的意见》（人社部发〔2016〕44号），着力推进"一网、一门、一次"改革任务，全面实行"一窗受理、集成服务"模式，给基层平台注入了新的活力。

二、基层平台工作的特征

基层平台工作一端承接政策制度，一端与服务对象互动，是人力资源社会保障政策落实和工作落实的重要载体，具有政策性、基础性、技术性、服务性、持续性等特征。

1. 政策性

基层平台开展各项服务活动，应严格遵守国家法律法规及相关政策规定，依照政策执行、依照政策管理、依照政策服务。

2. 基础性

基层平台作为我国人力资源社会保障服务体系的最基础层级，其工作经办运行及工作结果所形成的信息流、数据流，构成了人力资源社会保障制度运行的基础支撑，是人力资源社会保障事业可持续发展的重要基础。

3. 技术性

基层平台的各项经办工作专业知识密集、学科门类多、专业技能多、专业管理工具多，尤其是当前对信息技术的要求更高，依赖性更强。

4. 服务性

基层平台工作的整体过程具有服务性，基层平台工作人员需要树立服务理念，以保证为服务对象提供便捷、优质、高效的服务。

5. 持续性

基层平台工作与服务对象的服务关系具有持续性、长期性的特点，甚至会贯穿服务对象一生。

三、基层平台工作的服务对象和服务方式

1. 服务对象

基层平台工作的服务对象包括应享受人力资源社会保障基本公共服务及合法权益必须得到保障的单位、居民、就业群体、失业群体、社会化退休人员等。

2. 服务方式

（1）现场服务。现场服务是指通过公共服务窗口，为服务对象提供"一站式"人力资源社会保障服务。

（2）走访服务。一是指对服务对象开展入户摸排、信息采集、政策宣传等工作；二是指为行动不便或其他特殊原因不能前往窗口办事的服务对象提供上门帮办、代办服务。

（3）语音服务。语音服务是指通过服务热线为服务对象提供人力资源社会保障政策、业务办理的咨询服务。

（4）网络服务。网络服务通过政务服务网、微信客户端（公众号、小程序）、App、综合性自助服务终端等，为服务对象提供线上自助服务。

四、基层平台工作的原则

1. 便民利民原则

坚持简化办事环节和手续，优化服务流程，统一服务标准，丰富服务内容，拓展服务渠道，创新服务方式，提升服务质量，让群众办事更方便。

2. 依法依规原则

严格遵循法律法规，规范服务事项办理程序，维护群众合法权益，坚持经办工作制度化、规范化。

3. 公开透明原则

全面公开服务事项，实现办事全过程公开透明、可追溯、可核查，切实保障群众的知情权、参与权和监督权。

4. 开放共享原则

大力推广网上服务、移动电话服务、自助服务等形式，推动业务协同、数据共享、一网通办、一卡通办，提升人力资源社会保障服务效能。

5. 公平可及原则

坚持服务均等化、普惠化，传统服务与信息化服务创新并行，为老年人、残疾人等特殊群体提供人性化服务。

五、基层平台工作的作用

基层平台是推进基本公共服务均等化的基础工程，是深化人力资源社会保障事业改革发展的重要载体，是服务群众、联系群众的桥梁纽带，事关人民群众福祉，是民生事业的重要体现。

1. 保障和改善民生的重要载体

基层平台为人力资源社会保障部门服务人民群众提供了重要保障。当前，基层平台已覆盖全国各街道（乡镇）及社区（村），依托于基层平台，相关工作人员可以及时向公众传递就业信息，宣传人力资源社会保障政策，同时也可以有效获取人民群众实际的需求，进而不断完善劳动就业、社会保障服务。

2. 打通服务群众的"最后一公里"

街道（乡镇）综合性服务场所或窗口、社区（村）服务站作为基层服务网点，承担着包括公共就业创业、社会保险、劳动关系等一系列具体服务事项，是政策、服务落实落地的"最后一公里"。通过基层平台，可以将劳动就业以及社会保障政策落到实处，满足人民群众在人力资源社会保障领域的各项需求。

3. 推动公共服务水平的提升

基层平台工作对于提升基本公共服务承载能力，维护经济社会高速发展提供了重要支撑。随着时代的发展，基层平台业务在项目量、人群覆盖面等方面均发生了巨大变化。一是服务内容不断丰富，目前依托基层平台开展的业务量已近百项，涉及就业创业、社会保障、劳动关系、退休人员社会化管理等各个人力资源社会保障领域。二是服务对象覆盖更加广泛，从高校毕业生到农村劳动力，从高精尖产业企业到中小微企业，在基层平台都可以享受到均等化服务。

六、基层平台工作中存在的主要问题

近年来，我国不断完善政策，强化基层平台建设，取得了一定的成果。但随着社会经济发展，对基层平台的服务形式、服务内容、服务渠道、人员队伍建设等提出了更高的要求，从目前情况看基层平台工作仍存在一定短板。

1. 服务流程有待优化

基层平台在提供各项服务时，工作流程尚未形成全国统一的标准。近年来，部分省市陆续出台了地方性的服务规范，如北京市政务服务管理局、北京市人力资源和社会保障局制定了《北京市人力社保服务规范》，对服务事项的名称、类型、服务依据、行使层级、服务对象、办结时限、受理条件、申请材料、办理流程、办理结果、收费标准、实施主体等要素进行了统一规范，确保经办机构开展工作更加顺畅高效。

2. 人员队伍有待加强

一是工作人员配置不到位，人员能力、素质不符合当前要求，服务力量薄弱，服务专业化水平有待提高。二是缺少专职人员，一些工作人员身兼多职，不能专职于基层平台工作，工作缺少长期性和系统性。三是人员队伍不稳定，工作人员多为享受岗位补贴政策的就业困难人员，工作期限一般为3年，流动性大。四是人员专业性不强，基层平台的服务模式逐渐转变为"线上+线下"，对工作的导向性、针对性、专业性要求更高，现有工作人员的专业性水平亟待提升。

3. 工作机制有待完善

当前缺乏针对基层平台工作的统一的管理机制和体系。例如，当前对劳动保障协理员的绩效考核内容设置还不够科学全面;如何将工作人员的服务绩效与奖惩机制有机结合,促进其良性发展、与时俱进,仍需进一步探索。

思考题

1. 基层平台的服务对象和服务方式有哪些?
2. 简述如何发挥基层平台作用,提升劳动就业和社会保障服务效能。

培训课程 2

基层劳动就业和社会保障服务

学习目标

1. 掌握基层劳动就业和社会保障服务主要功能。
2. 结合工作实际,理解基层劳动就业和社会保障的服务要求。

一、基层劳动就业和社会保障服务的功能

1. 咨询服务

基层劳动就业和社会保障咨询服务包括政策咨询和业务咨询。咨询服务渠道包括现场咨询、电话咨询、网上咨询、信函咨询、电子邮件咨询等。

(1)政策咨询。政策咨询是指为用人单位和劳动者提供劳动就业和社会保障相关法律法规、规章、政策等方面的咨询。

(2)业务咨询。业务咨询是指为用人单位和劳动者提供劳动就业和社会保障服务事项办理条件、申请材料要求、办理流程、办理要求、办理时间、办理地点、办理渠道等方面的咨询。

2. 统计与调查

(1)就业统计。就业统计是指对辖区内劳动力资源的基本情况、失业情况、就业前情况、参保情况、享受政策情况和就业服务情况进行调查,摸清底数并进行动态跟踪维护,做好辖区劳动力资源管理。

(2)人力资源市场统计。人力资源市场统计是指对辖区内人力资源相关信息的采集,主要包括就业人员统计,失业人员统计,就业专项资金使用情况统计,公共就业人才服务工作情况统计,就业援助情况统计,离校未就业高校毕业生情

况统计，人力资源社会保障街道（乡镇）、社区（村）工作平台统计和农村劳动力转移就业情况统计等。

（3）社会保险统计。社会保险统计是指对辖区城乡居民养老保险数据定期进行统计和专项分析工作，形成运行分析报告，用于经办管理服务的评估。

（4）信访统计。信访统计是指开展走访活动，掌握信访动向，并对辖区来信、来访、网上信访等相关业务的登记内容进行统计。

（5）调解仲裁统计。调解仲裁统计是指对辖区劳动调解仲裁案件类型、数量、基本情况等进行统计分析，定期对调解仲裁基础数据进行汇总，按月度、季度、年度收集整理本地区、本部门相关统计数据。

（6）劳动监察统计。劳动监察统计是指调查掌握辖区内用人单位劳动合同订立与履行、工资政策、用工、社会保险缴纳等遵守劳动保障相关法律法规的情况进行统计。

3. 就业创业服务

（1）开展就业登记、失业登记服务。开展就业登记、失业登记服务包括开展失业人员日常管理、办理"就业失业登记证"、发放失业保险金等工作。

（2）开展职业指导、职业介绍服务。开展职业指导、职业介绍服务包括开展一般性指导服务、专门指导服务、分类指导服务，以及招聘登记、招聘信息发布、用人推荐、求职登记、岗位推荐、组织现场招聘会与网络招聘会、直播带岗等。

（3）推荐技能培训项目。推荐技能培训项目包括组织辖区相关人员参加职业培训、创业培训和职业技能等级认定等。

（4）开展创业服务。开展创业服务包括发布创业培训信息、推荐创业培训课程，组织报名登记、开展创业指导服务和创业项目征集，以及开展信用社区创建工作等。

（5）开展就业援助服务。开展就业援助服务包括开展零就业家庭认定帮扶、审核上报就业困难人员认定资料、组织开展就业困难人员就业援助和动态管理、协助落实就业扶持政策等就业困难人员就业服务工作。

4. 社会保险服务

（1）开展养老保险相关服务。开展养老保险相关服务包括城乡居民基本养老保险、企业职工基本养老保险业务相关环节的经办工作。

（2）开展失业保险金相关服务。开展失业保险金相关服务包括帮助失业人员进行失业保险金申领、帮助领取失业保险金期间亡故人员家属申领丧葬补助金及抚恤金、协助社会保险经办机构核实领取失业保险金人员的就业状况等。

（3）开展医疗保险相关服务。开展医疗保险相关服务包括开展城乡居民医疗保险参保、缴费，各类参保人员药费报销、异地就医手续办理等。

（4）开展工伤保险服务。开展工伤保险服务包括提供工伤认定、劳动能力鉴定等业务的咨询工作。

5. 退休人员社会化服务

（1）落实社会保险待遇。

（2）开展党组织活动。

（3）组织开展医疗保健、养老护理服务。

（4）组织文体活动。

（5）实施退休人员社会化管理服务统计。

（6）开展走访慰问工作。

（7）特殊群体的管理服务。

6. 劳动关系协调和维权

（1）配合开展劳动争议调解仲裁服务。配合开展劳动争议调解仲裁服务包括接待劳动者投诉举报；指导辖区内企业劳动争议调解委员会开展争议预防和调解工作；协助仲裁巡回庭在本辖区开展仲裁审理工作；设立仲裁派出庭的，开展辖区内的劳动争议调解仲裁工作；及时了解掌握调解协议、仲裁裁决的执行情况，督促当事人及时履行；及时报告辖区内重大、集体劳动争议。

（2）配合开展劳动监察工作。配合开展劳动监察工作包括配合上级劳动监察机构对辖区内用人单位开展日常巡查、专项检查、年度审查和信息采集等工作，督促企业落实各项人力资源社会保障政策法规；对辖区内发生的一般劳资纠纷进行初步调查、妥善处置；对违反劳动保障法律法规的重大事件启动应急预案，及时上报，妥善处理。

二、基层劳动就业和社会保障的服务要求

1. 咨询服务要求

（1）精准把握服务对象需求。提供咨询服务过程中应认真倾听，准确了解服务对象诉求。

（2）建立业务知识库。各基层平台应建立服务事项咨询内容知识库，并定期进行更新维护。

（3）熟练掌握业务内容。劳动保障协理员应熟练掌握知识库信息，按照知识库准确、完整解答咨询问题，并收集反馈信息。不能及时解答的问题，应说明原因或主动联系有关人员处置。

2. 经办服务要求

（1）即办件服务要求。凡可当场办结的事项，均属即办件。对服务对象申报材料齐全的简单事项，劳动保障协理员应即收即办，当场办结。即办件应按规定录入办件管理系统，能够进行分类统计和查询。

（2）承诺件服务要求。凡需经审核而无法当场办结的申请事项，均属承诺件。受理承诺件应当场初审申报材料。受理办件后，应按规定时限安排审核，在规定时限内做出办理决定，并将办理结果通知服务对象，同时将相关材料按规定整理归档。

3. 服务制度要求

（1）首问负责制。首位接待或受理办事服务对象诉求的劳动保障协理员即为首问负责人。首问负责人应对咨询、办理事项负责到底，决不允许让服务对象带着困惑走、带着遗憾走、带着怨气走。

（2）一次性告知制。服务对象咨询或办理相关业务时，应一次性告知所办事项的条件、材料、流程等信息，必要时提供示范文本。申报材料不齐或者不符合法定形式的，应一次性告知服务对象需要补齐补正的内容，决不允许让服务对象来回跑、多次跑。

（3）限时办结制度。工作人员在服务过程中，在服务对象材料齐全、符合规定的前提下，须在所承诺时限内办结。对特殊原因不能及时办理的，应给予充分说明和解释，并约定办理时间。

（4）投诉处理制度。畅通现场、信件、网络、电话等多种投诉建议渠道，对服务对象诉求闻风而动、接诉即办。定期对投诉问题情况进行通报，及时督促投诉问题的解决。

4. 信息公开要求

（1）建立、公布办事指南。及时对外公布本级服务事项目录和办事指南，并通过移动应用、电子屏幕、取阅资料、自助一体机等多种渠道，提供取阅、查询、下载等服务，方便服务对象知晓。

（2）及时发布就业服务信息。通过微信公众号、微博、App、业务告知单、服务大厅触摸屏查询机、电子显示屏及专项展示区等方式和渠道，发布招聘、求职、培训和创业方面的政策和信息。

（3）及时发布相关服务信息。及时公示国家和地方与办理业务有关的法律法规和政策，以及服务大厅各岗位职责等。

5. 统计调查工作要求

（1）夯实统计调查基础。统计调查搜集的资料必须准确可靠，符合实际情况，按照调查计划，对要调查的单位和项目毫无遗漏地进行搜集，基层平台所提交的统计资料，应该是便于整理、汇总的资料。

（2）加强统计调查工作监督。加强数据质量监管，定期开展基础工作和数据质量自查工作，结合报表审核、入户回访等，常态化梳理风险点、堵塞漏洞，促进标准化、规范化地开展工作，确保统计数据真实可靠。

（3）提升统计调查工作效率。统计信息化是提高统计调查工作效率的重要手段，要充分利用信息化手段开展数据收集、录入、汇总、分析，及时了解掌握工作动态，用于指导工作。

思考题

1. 简述基层劳动就业和社会保障服务的主要功能。
2. 联系实际谈谈如何做好基层劳动就业和社会保障工作。

培训课程 3

基层平台标准化、信息化建设

学习目标

1. 结合工作实际，理解基层平台标准化及信息化建设的意义。
2. 了解基层平台信息化建设在工作中的应用。

人力资源社会保障基层服务项目内容多、政策多、流程多、对象多，每个环节都相当重要，往往影响到公共利益和公众个人权益。通过标准化、信息化建设，既能提高人力资源社会保障基层平台服务的公平性、公开性、公正性及便利性，又能使工作人员有章可循，提高服务的效率。同时，由于基层平台服务网点广且多，加强标准化建设，能够建立统一的服务准则，在约束和督促工作人员的同时，保障不同区域的服务对象都能享受到同等的服务，这也是公共服务均等化的重要基础保障。

一、基层平台标准化建设

1. 基层平台标准化建设原则

（1）坚持需求导向。以"群众、企业需要什么样的服务，我们就努力提供什么样的服务"为方向，优化服务供给方式，推动基层平台为民服务向标准化、规范化发展。

（2）坚持简化程序

1）减环节。优化服务环节，拓展服务渠道，创新服务模式，最大限度地方便人民群众。

2）减材料。精简要件、材料，全面推行证明事项告知承诺制，凡符合条件的服务对象，在办理相关事项时只需按规定作出承诺，不必再提供相应证明材料。

3）减流程。优化服务流程，缩短办理时限，提供更加优质高效的基层劳动就业和社会保障服务。

（3）坚持公开透明

1）统一办理标准。按照有关政策、法律法规和规范性文件，及时编制服务事项清单及公开办事指南，实现办事全过程的公开透明，切实保障群众的知情权、参与权和监督权。

2）坚持透明规范。发挥以公开促落实、促规范、促服务的作用，让群众办事看得到、听得懂、易获取、能监督，提升基层平台透明规范水平。

2. 基层平台标准化建设任务

（1）规范工作内容，实现"一门办理"。落实"一窗受理、集成服务"要求，围绕就业创业、社会保险、劳动关系等服务事项，细化服务内容，在综合服务机构推行"一站式"服务，逐步将分设的专业窗口整合为综合窗口，变"多头受理"为"一门办理"。

（2）规范服务事项，实现"全城通办"。各基层平台按照地方人力资源社会保障服务事项目录要求，做到事项名称、事项类型、设定依据、行使层级、服务对象、办结时限、受理条件、申请材料、办理流程、办理结果、收费标准、实施主体统一，实现无差别服务，为"全城通办""全程网办"创造条件。

1）推进服务事项目录标准化。及时编制、动态调整基层平台服务事项清单目录并对外发布。实现区域内服务规范统一、服务事项目录同源发布。

2）推进服务事项办事指南标准化。基层平台所有面向群众的服务事项都要逐项编制办事指南，列明服务对象、办理依据、受理单位、办理地点、基本流程、申请材料、示范文本、收费依据及标准、办理时限、咨询方式、监督投诉方式等内容，细化到每个环节，并提供表格下载。服务事项目录和办事指南等必须通过政府网站、"12333"人力资源社会保障服务热线、宣传手册等形式向社会公开。

（3）加强信息公开，实现"一次办结"。坚持有事项必有指南、一事项一指南，人力资源社会保障服务事项办事指南要做到形式直观、易看易懂，充分反映减环节、减材料、减时限等要求，为服务对象提供清晰指引。

（4）优化办理流程，实现"人社服务快办"。对业务流程进行优化梳理，减少不必要的办理环节，对原有各自独立、物理分散的服务职能进行有机衔接整合，开展"人社服务快办"行动，推进"一件事"打包办、跨省通办等服务。

二、基层平台信息化建设

随着人力资源社会保障事业的不断发展和国家信息化进程的逐步推进，信息技术与人力资源社会保障工作越来越紧密地结合在一起，成为支撑人力资源社会保障工作的重要基础。加快人力资源社会保障信息化建设，逐步建立布局科学、高效便捷、先进实用、稳定安全的人力资源社会保障信息化体系，对创新管理模式，提升管理能力和服务水平，实现人力资源社会保障事业全面、协调、可持续发展，具有重要的意义。

1. 基层平台信息化建设原则

（1）坚持统一规划，流程再造。统一规划、统一标准，搭建统一的技术支撑平台，通过网络互联和信息共享，实现人力资源社会保障各项业务流程衔接和协同办理，发挥协同的整体效能。以构建全国信息共享网络为目标，减少信息孤岛，实现跨地区、跨层级业务协同以及数据交换。

（2）坚持需求导向，服务优先。全面树立服务优先、业务优先、应用优先的观念，将信息化建设的成果应用到基层平台的实际工作中，并切实转化为现实的管理服务能力和决策支持能力，使更多事项在网上办理。信息化平台建设要贯彻以人民为中心的发展思想，要符合人民群众的期待和需求，加快信息化服务普及，让人民群众在共享互联网发展成果上有更多获得感。

（3）坚持业务协同，信息共享。严格执行人力资源社会保障信息化建设的统一技术标准，并充分利用金保工程现有技术成果和设备资源，努力实现人力资源社会保障信息系统与其他系统间的互联互通，做到标准统一、网络互联、数据共享。

（4）坚持分类指导，有序推进。结合本地就业工作实际及基层平台发展要求，进行分类指导，有重点、分步骤地逐步开展基层平台信息化建设工作。

2. 基层平台信息化建设任务

（1）实现服务方式"全覆盖"。构建实体大厅、网上平台、移动终端、自助终端、咨询服务电话等线上线下一体化的服务体系，加快形成线上办事为主、实体办事为辅、自助办事为补的经办服务新格局，在有效分流实体窗口工作的同时，让群众"少跑路、不跑路"，不断提升服务效能。

（2）实现人力资源社会保障业务"全覆盖"

1）推进人力资源社会保障服务"一件事"打包办，实现"全程网办"。坚持集成服务、简约服务、创新服务、规范服务原则，整合事项、优化流程、精简材料、压缩时限，促进服务提质增效，推动人力资源社会保障"一件事"打包办，逐步实现查询、申报、办理、反馈"全程在线"。

2）推进业务融合，实现"一网通办"。结合本地工作实践，充分利用现有技术成果和设备资源，有重点、分步骤地逐步推进，实现人力资源社会保障与公共就业服务信息系统及其他系统间的互联互通、资源共享。例如，开展求职登记、就业失业登记、社会保险登记等业务协同和数据共享，实行就业创业政策受理、审核、实施一体化办理。

3）推进异地受理，实现"跨省通办"。推动社会保障卡申领、异地就医登记备案和结算、养老保险关系转移接续、就业创业等事项加快实现"跨省通办"，便利群众异地办事，提升群众获得感。

（3）实现服务群体"全覆盖"

1）加大信息化服务宣传力度。发挥基层平台作用，指导服务对象进行网上操作。此外，合理运用微信、微博等新媒体，宣传政策、解读疑点难点，拓展服务渠道，实现服务事项办事"零上门"。

2）开展场景式指导服务。从办事角度出发，开展场景式服务，帮助服务对象特别是老年人、残疾人等特殊群体跨过数字鸿沟，使服务对象对应该享受的政策等信息一目了然。

3. 基层平台信息化应用

（1）公共就业服务信息系统。国家级公共就业服务信息平台，可实现就业信息全国联网，提高信息质量，完善服务功能，各类就业服务信息实现全国共享和统一发布。

1）高校毕业生就业服务平台。高校毕业生就业服务平台联通全国服务资源，搭建高校毕业生和用人单位高效对接通道，平台设置"岗位速递""直播带岗""职业指导公开课""职业指导直播课"和"就业见习"等栏目，为高校毕业生提供不间断常态化就业服务。服务平台还加载"未就业高校毕业生求职登记小程序"，支持毕业生自主登记求职意向、就业服务需求，帮助毕业生"一键直达"公共就业服务。求职登记小程序在高校毕业生就业服务平台、中国公共招聘网、中国国家人才网、就业在线、电子社保卡设有登记入口，同时支持通过微信、支付宝等App扫描二维码进行登记。未就业高校毕业生、往届未就业毕业生可通过上述渠道，在线登记个人情况、求职意向和就业服务需求。公共就业人才服务机构将与登记毕业生进行联系,根据需求提供有针对性的就业服务。

2)中国公共招聘网和就业在线。中国公共招聘网和就业在线是由人力资源社会保障部组织建设的国家级招聘求职服务平台,是汇聚各地、各类人力资源服务机构的"旗舰店",发挥公共就业人才服务机构和经营性人力资源服务机构的作用,实现招聘求职信息实时、全面汇聚,共享和发布,支持跨区域、跨层级开展招聘求职服务。

(2)社会保障信息系统。近年来,各级人力资源社会保障部门持续推进人力资源社会保障领域行风建设,建成全国统一的社会保障公共服务平台,社会保障管理服务水平不断提高。

1)金保工程。金保工程是指利用先进的信息技术,以集中管理的数据中心为基础,以覆盖全国、联通城乡的信息网络为依托,支持人力资源社会保障业务经办、公共服务、基金监管和宏观决策等核心应用,覆盖全国统一的人力资源社会保障电子政务工程。金保工程是政府电子政务工程建设的重要组成部分,是全国人力资源社会保障信息化工作的总称。

金保工程的建设以全面提高人力资源社会保障行政能力和服务水平为目标,紧密围绕人力资源社会保障事业的重点工作和发展方向,构建统一、高效、安全的信息系统应用支撑平台,实现各项业务领域之间、各地区之间的信息共享、业务协同和有效衔接,形成统一规范的信息化公共服务体系和科学有效的决策支持体系,实现社会保障一卡通。

伴随着人力资源社会保障事业的快速发展,金保工程的建设取得了显著成效。地级以上人力资源社会保障部门普遍建立了数据中心,多数地区实现了业务数据在市级的集中统一管理。部、省、市三级网络进一步贯通,基本覆盖了各类公共就业服务机构和社会保险经办机构,并延伸到大部分街道、社区、乡镇、定点医疗机构和零售药店,初步形成了人力资源社会保障信息网络框架。信息系统安全基础设施进一步巩固,防护能力普遍加强。社会保障卡建设进入快速发展时期,实际持卡人数大幅增加。全国统一的核心业务应用软件已在绝大部分统筹地区部署实施,对提高经办效率和服务能力的支撑力度显著加强。开辟了联网监测数据采集渠道,探索了现场监督与非现场监督相结合的基金监督模式,启动了基于信息网络的跨地区业务协作。政府网站、"12333"人力资源社会保障服务热线、基层信息服务平台使人民群众可以就近享受便捷的人力资源社会保障服务,受到了人民群众的普遍欢迎。总体上看,信息化建设成果在人力资源社会保障工作中发挥了基础支撑作用，在落实相关政策、创新管理模式、降低行政成本、提升服务能力等方面发挥了重要的作用，推动了人力资源社会保障工作向精细化、一体化、科学化、规范化转变。

2）国家社会保险公共服务平台。国家社会保险公共服务平台是全国统一的社会保险公共服务总门户，重点为参保人员和参保单位提供全国性、跨地区的社会保险公共服务。参保人员可以通过访问国家社会保险公共服务平台门户网站（http://si.12333.gov.cn），或者下载"掌上12333"手机App，注册登录后使用相关服务。

截至2023年6月底，国家社会保险公共服务平台已开通83项全国性统一服务，累计访问量超过50.5亿人次。国家社会保险公共服务平台，可提供社保年度参保信息查询、待遇资格认证、养老金测算、社保关系转移查询、异地就医查询、境外免缴申请、社保卡和电子社保卡状态查询等服务，实现全国性跨地区服务。

（3）社会保障卡在各领域的应用。中华人民共和国社会保障卡（以下简称社会保障卡），是指面向社会公众发行，主要应用于人力资源社会保障领域政府社会管理和公共服务的集成电路卡。

社会保障卡是持卡人享有社会保障和公共就业服务权益的电子凭证，具有信息记录、信息查询、业务办理等基本功能，可加载金融功能并扩展应用至其他公共服务领域。

人力资源社会保障部负责管理全国社会保障卡的发行和应用工作。省、地市级人力资源社会保障部门负责管理本地区社会保障卡的发行和应用工作，其所属的信息化综合管理机构具体承担社会保障卡发行和技术管理的有关事务。

社会保障卡按照"一卡多用，全国通用"的原则进行建设。各地发行社会保障卡必须遵循安全性、完整性和公益性的要求，采用全国统一的标准规范，保证在全国范围内使用。

4. 基层平台计算机网络相关知识

（1）计算机网络的概念。计算机网络是指把多台分布在不同地点上、具有独立自主功能的计算机通过通信方式连接起来以便进行信息交换、资源共享或协同工作的系统。

（2）基层平台计算机网络的功能。基层平台计算机网络贯穿人力资源社会保障工作各个环节，涉及劳动就业、退休人员社会化管理、劳动关系协调、社会保险等业务范围，使信息资源在传递、检索、分析、利用等各环节，实现了科学化、自动化，它是整个人力资源社会保障体系的技术支撑。

（3）基层平台计算机网络设施。基层平台计算机网络设施分为网络信息系统和硬件设施。

1）网络信息系统。按照不同的业务需求，基层平台网络信息系统主要分为局域网、互联网、政务外网。

①局域网。局域网是基层平台的内部办公网，主要用于内部公文、信息的传递和业务流转。

②互联网。互联网即公共网络环境，通过互联网，服务对象可进行各类人力资源社会保障业务的办理。

③政务外网。政务外网即政务对外服务的业务专网，与互联网通过防火墙逻辑隔离。政务外网属非涉密网性质，是政府的业务专网，主要运行政务部门面向社会的专业性服务业务和不需在内网上运行的业务，人力资源社会保障各类业务信息系统、自助服务终端等都依托于政务外网运转。

2）硬件设施。硬件设施是指基层平台服务场所配置的满足信息化要求的计算机、自助服务终端、电子大屏、多功能一体机等。

①计算机。计算机是基层平台必备的办公设施。运用计算机可以对各类数据进行处理和分析、存储和管理，通过计算机互联网可以实现基层平台相关信息的远程传输与接收。

②自助服务终端。自助服务终端用于开展人力资源社会保障业务的自助服务，包括社保缴纳、养老金领取、就业服务等。通过办事群众及单位的自助操作，实现业务服务智能化和便捷化。

③电子大屏。电子大屏用于公示公共就业服务、人力资源社会保障政策宣传和业务服务变更等信息，使办事群众及单位从中获取自身需要的信息。

④多功能一体机。多功能一体机集成了自助办事过程所需的全套专用设备，包括打印机、身份证读卡器、高拍仪、音视频设备等，具备智能助办、人证核验、材料预审、视频咨询等功能。通过多功能一体机，办事群众可以快速查询和办理各类人力资源社会保障业务。

（4）"互联网+人社"。"互联网+人社"是贯彻落实"互联网+"、大数据等国家重大战略，推进"互联网+政务服务"，是加快人力资源社会保障领域简政放权、放管结合、优化服务改革的重要举措，对于增强人力资源社会保障工作效能，提升公共服务水平和能力，具有重要意义。2016年，人力资源社会保障部出台

"'互联网+人社'2020行动计划",该计划由基础能力提升、管理服务创新和社会协作发展三项行动计划组成,共包括48个行动主题。

1)基础能力提升行动。基础能力提升行动包括实现"一人一卡",全国通用;实现"一数一源",多元采集;构建全国统一的个人身份认证平台;构建人社电子档案袋;构筑用卡轨迹图;应用大数据;构建人社信用体系;增强支付结算能力等内容。

2)管理服务创新行动。管理服务创新行动包括公共信息服务,社保卡应用普及,业务流程优化,智能决策支持,网上就业服务,构建"就业D图",就业精准扶持,档案信息服务,人力资源市场监管,失业预警,网上社会保险服务,网上参保证明,全民参保精准识别,待遇资格认证,推进就医一卡通,医保智能监控,异地就医直接结算,社会保险基金智能监督,网上人才服务,网上职业培训,构建人才供需指数,建立人才服务绿色通道,推广网上维权咨询、网上调解仲裁,推动劳动保障智能监察,权益保障联动处理,智能应急指挥,信用监管等内容。

3)社会协作发展行动。社会协作发展行动包括社会保障卡应用拓展,精准识别能力输出,支付结算能力输出,信用评价能力输出,身份校核能力输出,人力资源市场供求信息监测,职业供求信息开放,线上家庭服务,构建创业服务平台,权益信息开放查询,网上购药结算支持,健康服务等内容。

思考题

1. 基层平台服务事项办事指南须包含哪些要素?
2. 高校毕业生就业服务平台有哪些功能?

培训课程 4

基层平台社会调查与统计

学习目标

1. 掌握基层平台社会调查与统计的基本概念。
2. 掌握基层平台社会调查与统计的主要内容及基本方法。

开展调查统计工作是基层平台的一项重要职能。基层平台要逐步摸清本辖区就业、失业人员和规模以下企业的情况，建立起就业、失业人员和企业基本情况统计台账。劳动保障协理员通过各种形式的统计调查工作，了解本地区劳动就业及人力资源社会保障基本情况。

一、社会调查的基本知识

1. 社会调查的概念

社会调查是社会"调查"和"研究"的简称，是指人们为达到一定目的，有意识地通过对社会现象的考察、了解和分析、研究，了解社会真实情况的一种自觉认识活动。基层平台对辖区内人力资源社会保障相关的调查包括辖区人力资源信息调查、农村劳动力人力资源信息调查、就业状况调查等。

2. 社会调查的基本要素

（1）明确的调查目的。调查目的就是阐明通过调查所要达到的具体结果。调查目的首先要明确研究成果的目标，即通过调查要解决什么问题，解决到什么程度。其次是明确成果形式的目标，即调查成果用什么形式来反映，是写调查报告还是学术论文，是口头汇报还是专门汇集成册。最后是明确这次调查能起到什么社会作用，是供上级决策参考，还是影响社会舆论。

（2）具有社会意义的调查对象。要选准调查的具体对象，并尽可能充分地了解被调查者。调查对象的选择要服从调查内容的需要。

（3）科学的调查方法。调查方法主要包括收集资料和研究资料的方法。收集资料的方法一般有文献法、访谈法、问卷法、观察法和量表法等。要根据调查课题的目的要求、调查对象与范围，科学地确定调查方法。

（4）实际的调查效果。调查完成后要对调查的整体工作情况进行总结，分析不足、总结经验、培育典型，形成调查报告，向有关部门反馈调查结果。

3. 基层平台开展人力资源社会保障调查的主要形式

（1）入户调查。入户调查是指访问者有计划地通过与受访者直接交谈获取信息的方法。劳动保障协理员通过入户调查，可更清楚地了解、核实辖区调查对象基本情况等信息。

（2）电话调查。电话调查是调查者通过电话同被调查者进行语言交流，从而获取信息的一种收集资料的方法。随着电话的普及，电话调查的应用也越来越广泛。采取这种方法进行调查的主要优点为收集资料快、成本低，有利于分类。

（3）计算机网络调查。随着现代信息技术的发展，计算机网络技术已经被广泛引入信息采集领域，各种组织机构可以根据调查目的通过计算机网络系统进行快速方便的调查。

二、统计的基本知识

1. 统计的概念

统计是关于收集、整理、分析统计资料并进行推论以探求事物本质和规律性的理论和方法。统计包括统计工作、统计资料和统计学。统计工作是指利用科学的方法搜集、整理、分析和提供关于经济社会现象和自然现象数量资料的工作的总称。统计资料是指通过统计工作取得的，用来反映一定经济社会现象总体、自然现象总体特征或规律的数字资料、文字资料、图表资料及其他相关资料的总称。统计学是为统计活动提供数量研究和认识规律的科学方法，核心是关于数据的搜集、整理、归纳、分析的原理和方法。

2. 统计的主要类型

（1）统计指标。统计指标是反映统计总体数量特征的概念和数值，一般由指标名称和指标数值两个基本部分组成。例如，2022年全国城镇登记失业率4%，"2022年全国城镇登记失业率"就是指标名称，4%就是指标数值。指标数值是通过对总体各单元进行调查,然后进行综合汇总和计算得到的,用来反映总体数量特征的概念和具体数值。

(2)统计报表。统计报表是指按规定的表格形式、内容、时间要求、报送程序,自上而下统一布置,提供统计资料的一种统计调查方式。与基层平台业务密切相关的常用统计报表包括城镇登记失业人员情况统计表、离校未就业毕业生情况统计表、就业援助工作情况统计表等。

(3)统计分析报告。统计分析报告是指运用统计资料和统计分析方法,以独特的表达方法和结构特点,表现所研究事物本质和规律性的一种应用文章。统计分析报告是在统计分析研究过程中所形成的论点、论据、结论的集中表现;不同于一般的总结报告、议论文、叙述文和说明文,统计分析报告是运用统计资料和统计方法,将数字与文字相结合,对客观事物进行分析研究结果的表现。

3. 基层平台人力资源社会保障相关统计内容

(1)就业人员统计。主要统计指标有城镇新增就业人数、城镇累计新增就业人数、失业人员实现再就业人数、就业困难人员实现就业人数等。

(2)失业人员统计。主要统计指标有登记失业人员本期新增人数,就业转失业人数,高校毕业生、残疾人、登记失业人员期末实有人数,长期失业人员等。

(3)就业专项资金使用情况统计。主要指标有就业技能培训、劳动预备制培训生活费补贴、创业培训补贴、企业在职职工岗位技能培训补贴、职业技能鉴定补贴、就业困难人员社会保险补贴、高校毕业生社会保险补贴、公益性岗位补贴、就业见习补贴、求职创业补贴、就业创业服务补助、高技能人才培养补助等。

(4)公共就业人才服务工作情况统计。主要指标有公共就业和人才交流服务机构个数,公共就业和人才交流服务机构工作人员数量,专职工作人员数量,登记招聘人数,登记求职人数,应届高校毕业生、农村转移劳动者、建档立卡贫困人员数量、职业指导人次、职业介绍人次、创业服务人次、代理保管人事档案人数、管理流动党员人数等。

(5)就业援助情况统计。主要指标有就业困难人员数、就业救助对象人数、安置的公益性岗位人数、零就业家庭户数、实现就业的零就业家庭成员人数、消除零就业家庭户数等。

(6)离校未就业高校毕业生情况统计。主要指标有未就业应届高校毕业生人数以及其实现就业人数、新增入伍人数、新增升学人数、新增出国(境)人数、参加就业见习人数、参加职业培训人数、正在求职人数、自愿暂不就业人数等。

（7）农村劳动力转移就业情况统计。主要指标有农村劳动力外出就业人数，返乡人数，非农就业人数，在企业就业人数，自主创业人数，行政村总人口、劳动力人数等。

三、基层平台开展调查统计工作的注意事项

1. 夯实统计调查基础

基层平台调查统计反映的各种数据是各级政府制定新时期各类人力资源社会保障政策的原始依据。基层平台是人力资源社会保障统计调查工作的起点和基石，是确保源头数据真实、准确、完整、及时的第一道防线。劳动保障协理员要夯实人力资源调查统计的基础，为构建人力资源社会保障事业新发展格局提供有力的统计支撑。

2. 提升劳动保障协理员业务水平

建立常态化的基层平台人员统计调查培训机制，有计划地加强基层平台人员的法律法规、职业操守和业务能力等的教育培训，不断充实培训内容，持续提升基层队伍统计调查的业务水平。

3. 加强统计调查工作监督

要加大对调查统计工作的监督力度，建立健全对基础调查统计工作的督促检查机制，对监督检查中发现的不作为、慢作为、乱作为的行为，依规依纪依法追责问责。确保基层平台的调查统计工作真实准确，严禁弄虚作假。

4. 提升统计调查工作效率

要加强对基层统计信息化建设的指导和支持，依托电子政务外网，加快构建覆盖全国统计调查信息化网络，利用信息化手段改进工作方法，提高工作效率。

思考题

1. 劳动保障协理员开展调查统计的形式有哪些？
2. 简述劳动保障协理员开展统计调查工作时应注意的事项。

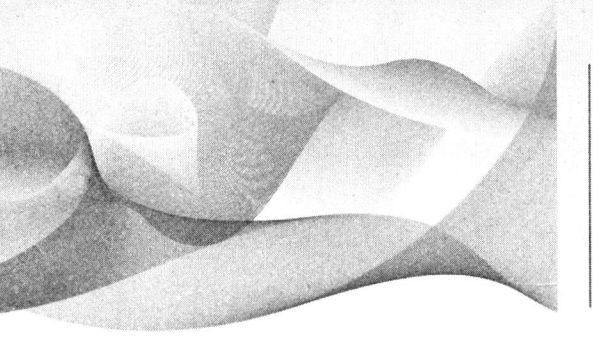

职业模块 ③
劳动就业基本理论知识

培训课程 1

就业与失业概述

1. 了解就业与失业的基本概念。
2. 掌握就业的主要渠道和形式。
3. 掌握就业登记与失业登记的主要内容。

一、就业

就业是民生之本。就业既是重大的经济问题，也是重要的社会和政治问题。扩大就业，减少失业，是保障和改善民生的首要任务，也是经济社会发展的基本目标。

1. 就业的概念

就业的概念可以从理论和实际操作两个角度来把握。

从理论角度上讲，就业是指具有劳动能力的人，运用生产资料从事合法的社会活动，并获得相应劳动报酬或经营收入的经济活动。具体而言，就业是指在法定劳动年龄内具有劳动能力的人，在一定的工作岗位上从事有报酬或有经营收入的合法劳动。根据这一定义，一个人如果同时满足三个条件，就可以被认定实现了就业：一是在法定劳动年龄内，并且具有劳动能力；二是以满足社会需要的生产或服务为目的，从事合法的社会劳动；三是从事这种社会劳动可以获得相应的收入。

从实际操作角度上讲，必须对法定劳动年龄的界限、从事社会劳动的时间长度、劳动报酬以及经营收入标准作出具体规定。国际劳工统计协会规定，各国根据国情确定劳动年龄的上下限、劳动时间的长短和工资的最低限度。凡在劳动年龄之内、具有下列情况之一的都被认为实现了就业：在规定时间内从事有报酬的劳动；有职业而因故（参加培训、疾病、事故、劳动争议、度假、旷工、气候不良、设备损坏临时停工）暂时没有处于工作状态；自己当雇主或营业，包括协助家庭企业或工厂（工作时间相当于正常工作时间的1/3以上，收入不属于工资报酬）。

下述情况不属于就业范畴：童工；不以获得收入或营利为目的的公益劳动、家务劳动；在校全职学习学生等。

我国通过抽样调查和登记统计制度来获得就业数据。我国的就业者（从业人员）包括：在机关、事业单位和企业工作领取薪酬的职工；私营业主；个体户；灵活就业人员；从事公益性岗位就业人员；再就业的离退休人员；现役军人。

2. 就业的意义

（1）就业是人们获得收入得以谋生的基本手段。当前，虽然各种生产要素的报酬如股息、利息、租金等，也是居民收入的合法来源，但是通过就业获得劳动报酬仍是人们收入的最主要部分。

（2）就业是个人融入社会、使自身得以全面发展的主要途径。作为具有社会属性的人，不仅需要通过就业谋生，还要通过就业参与社会生活，赢得他人尊重，实现自己更好的发展。

（3）就业是经济发展和社会进步的重要前提。通过就业实现生产资料和劳动者的结合，形成现实生产力，从而推动经济发展。通过就业实现人的全面发展，也是促进社会公平、维护社会稳定、保障民生和消除贫困的重要手段。

全世界对就业问题都高度重视。国际劳工组织在有关公约中提出，各国应实行一项积极的政策，促进充分的、生产性的和自由选择的就业。许多国家都把促进就业和经济增长、物价稳定、国际收支平衡一起作为政府宏观调控的主要目标。我国也一直把就业作为政府宏观调控的重要指标，实行就业优先战略。

3. 就业的主要渠道

改革开放以来，我国就业体系发生了深刻的变革，打破了主要靠国家统包统配和单一靠国有企业招工的就业模式，就业格局发生根本变化，就业渠道也实现多元化。

（1）各类企业特别是中小微企业就业。国有企业、集体企业、外资企业、股份制企业、私营企业、特别是中小微企业已成为吸纳就业的主渠道。党中央、国务院高度重视中小微企业发展，在财税金融、营商环境、公共服务等方面出台了一系列政策措施，取得了积极成效。就业总量规模不断扩大，吸纳就业作用明显。

（2）机关事业单位和城乡基层就业（包括公益性岗位就业）。机关事业单位主要是通过公务员考试和事业单位公开招聘吸纳就业，但吸纳就业的数量有限。城乡基层就业是指到街道社区和乡镇农村从事管理服务工作，以及在街道社区、乡镇农村等基层开发或设立的公益性服务岗位工作，属政策性安排。这类就业稳定性较强，但相应的就业数量有限。

（3）自主创业和个体就业。自主创业是指劳动者通过自主创办生产服务项目、企业或从事个体经营实现市场就业。鼓励和支持劳动者自谋职业和自主创业，使他们通过自筹资金、自主经营、自负盈亏、自担风险，不仅为自己创造新的就业岗位，而且还可产生带动更多人就业的倍增效应[①]。随着创业政策不断完善，创业环境不断优化，越来越多的大学生、科研人员、归国人员、返乡农民工投身自主创业，成长为个体经营者或小微企业。

（4）灵活就业（包括新形态就业）。灵活就业是区别于传统正规就业的就业形式，一般是指非全日制、非固定单位、临时性、季节性、弹性工作等灵活多样的就业形势。其中新形态就业是在新技术、新产业环境下，劳动者依托互联网等平台实现灵活就业的新形态。近年来，国家专门出台政策支持鼓励发展新形态就业，多渠道灵活就业。其中，通过平台实现新形态就业的人员规模快速增加，成为城镇新增就业的重要渠道。

4. 就业的形式

劳动力与其他生产要素不同的结合形式，决定了就业的具体状态和形式。

（1）按城乡划分。可分为城镇就业与乡村就业，以表明不同地域的就业区别。

（2）按产业划分。可分为第一产业就业、第二产业就业、第三产业就业，以表明不同行业的就业区别。

（3）按劳动报酬形式划分。可分为工薪就业与非工薪就业，以表明雇佣关系型与自雇型的就业区别。

（4）按工作的固定和不固定状态划分。可分为固定型就业与灵活就业，以表明就业中劳动关系、工作时间和场所固定与不固定的区别。

（5）按就业形态划分。可分为传统形态就业与新形态就业，以表明建立在工

---

① 创业带动更多人就业的倍增效应是指通过创业活动促进就业机会增长的现象，它不仅为创业者本人提供工作岗位，还能间接为其他人创造就业机会。

业化现代工厂制度基础上的传统就业与依托数字经济新平台的新就业的区别。

需要强调的是,不同的就业状态形式,具有不同的特点,相关就业政策也是有所区别、分类定向实施的。因此,劳动保障协理员要清楚划分其区别,明确政策导向,才能为服务对象提供正确指导和有效帮助。

5. 就业登记

(1)就业登记的概念。就业登记是指对劳动者的就业信息进行登记备案的过程。政府可以通过就业登记的数据了解人力资源市场的供需情况,制定和调整就业政策。通过就业登记信息还可以更好实现供求匹配,为求职者提供更有效的就业机会。

(2)就业登记的内容。就业登记的内容主要包括劳动者个人信息、就业类型、就业时间、就业单位以及订立、终止或者解除劳动合同的情况等。就业登记的具体内容和所需材料由省级人力资源社会保障行政部门规定。

(3)就业登记的办理

1)劳动者被用人单位招用的,由用人单位为劳动者办理单位就业登记。用人单位招用劳动者或与劳动者终止或者解除劳动关系,应当到当地公共就业服务机构备案,为劳动者办理就业登记手续。用人单位招用人员后,应当于录用之日起30日内办理登记手续;用人单位与劳动者终止或者解除劳动关系后,应当于15日内办理登记手续。

2)劳动者从事个体经营或灵活就业的,由本人在街道、乡镇公共就业服务机构办理个人就业登记。

二、失业

就业和失业是一个问题的两个方面。研究和探讨失业问题,对于从宏观角度把握人力资源的有效配置有着十分重要的意义。

1. 失业的概念

从理论上讲,失业是劳动者与生产资料相分离的一种状态,劳动者失去了运用生产资料进行活动的机会,从而也失去了获得劳动报酬的机会。在具体实践中,现代市场经济国家对失业一般定义为:凡是统计时被确定有工作能力,且在此以前4周内曾努力寻找工作但没有找到工作的人都被统计为失业。此外,"暂时被解雇正等待恢复工作的人"或"等待时间达到30天的人"也包括在失业范围之内。

在我国,失业是指在法定劳动年龄内,具有劳动能力的人,没有或失去工作及职业，在一定时间内，虽进行求职（有就业愿望），但仍然找不到工作或职业，从而失去收入的状态。目前，我国统计的城镇失业人员，主要包括新成长劳动力和就业转失业人员两部分人。新成长劳动力是指年满16周岁的未能升学的各类学校毕业生，即新进入人力资源市场没有就业经历的人员。就业转失业人员是指已有就业经历又失去原有工作的人员，包括：曾离开人力资源市场，现在又重新寻找工作的人员；因劳动合同期满或企业倒闭等原因而失去工作的失业职工；因各种原因退出人力资源市场的私营企业和个体从业人员。

2. 失业率

失业率是失业人数占就业人数和失业人数之和的百分比。它体现了在全部经济活动人口中失业人员所占的比重，从而反映失业问题的严重程度。用公式表示为：

$$失业率（\%）=\frac{失业人数}{就业人数+失业人数}\times100\%$$

（1）城镇登记失业率。城镇登记失业率等于城镇登记失业人数除以城镇从业人数加城镇登记失业人数之和。城镇登记失业人数是指进行了失业登记的就业转失业的劳动者和没有就业经历的失业青年。用公式表示为：

$$城镇登记失业率（\%）=\frac{城镇登记失业人数}{城镇从业人数+城镇登记失业人数}\times100\%$$

（2）城镇调查失业率。城镇调查失业率是通过城镇劳动力情况抽样调查所取得的城镇就业与失业数据进行计算的，具体是指城镇调查失业人数占城镇调查从业人数与城镇调查失业人数之和的百分比。城镇调查失业率由国家统计局进行统计，并作为国家宏观调控的重要指标。用公式表示为：

$$城镇调查失业率（\%）=\frac{城镇调查失业人数}{城镇调查从业人数+城镇调查失业人数}\times100\%$$

3. 失业的分类

经济学家对失业的类型及其成因进行了长期而广泛深入的分析后，将失业分为以下六种类型。

（1）摩擦性失业。摩擦性失业是由于劳动者在要求就业和获得工作岗位之间存在时间差而形成的。一般是由自愿辞职、工作转换和劳动力市场的新进入者和重返者引起的。

从求职者的角度，主要表现为：①主动辞去现在的工作寻找新工作；②被动失去工作后寻找新工作；③首次进入人力资源市场寻找工作；④缺勤一段时间后重新进入人力资源市场；⑤在 30 天之内从一份工作转到另一份工作。

从雇主的角度，主要表现为：①寻找新员工以补充那些辞职或退休的员工；②找到更好的新员工而辞退旧员工；③寻找新员工以填补企业扩张后创造的工作岗位。

由此可以看出，摩擦性失业是求职招聘过程中出现的正常现象，具有暂时性，与社会充分就业并不矛盾。造成摩擦性失业的原因主要有两个方面：一是由于人力资源市场中人员流动的动态属性所导致；二是供求信息不对称导致求职者和雇主之间相互对接需要花费一定的时间。因此，职业指导工作在解决摩擦性失业中具有重要作用。

（2）结构性失业。结构性失业是由于劳动者所拥有的技能与现有就业岗位所需求的技能发生错位，造成一部分人员失业与一部分岗位空缺并存的一种失业现象。例如，随着新技术应用，产业升级换代，新兴行业大量出现，原有的劳动力因其技能不适应新的岗位需求而导致失业。结构性失业的产生主要是由于劳动力内部结构失衡导致的。有些结构性失业也可能由工作岗位和劳动者在地理上的不匹配引起，结构性失业时间越长，对经济社会影响越大。为降低结构性失业对经济的负面影响，需要做好职业需求预测和职业培训，以及鼓励劳动力流动，在这一过程中职业指导具有重要作用。

（3）周期性失业。周期性失业也称需求不足性失业，是由于经济运行总是处于周期性的上下波动状态，对就业需求产生周期性的波动，从而对就业产生影响。当经济处于周期的低谷时，经济萧条对劳动力的需求削减，造成劳动力供给大于需求，形成失业。周期性失业的成因及其造成的经济社会影响相当复杂，是宏观经济分析的重要课题。

（4）季节性失业。季节性失业是由于生产方式或市场需求的季节性变化等原因而引起对劳动力的需求出现季节性波动，从而形成季节性失业。造成季节性失业的主要原因有两方面：一是一些行业如农业、旅游业、航运业等，由于生产条件受气候影响具有季节性的特点，造成对劳动力的需求随季节的变化而变动；二是一些行业如服装业、制鞋业和节假日产品受购买习惯、社会风俗的影响，会产生季节性的变化，从而影响劳动力的需求，造成季节性失业。

（5）隐性失业。隐性失业是指经济部门中存在着边际劳动生产率[①]等于或小于零的现象。由于失业统计不包括居住在农村的劳动力，且农村存在大量富余劳动力和富余时间，农村的隐性失业问题实际存在。处于经济社会转型的国家，隐性失业问题较为严重。

（6）自愿失业。自愿失业是指虽然有就业愿望，但是由于对职业的兴趣爱好不符、工资福利不满以及人际关系等原因，或为更好地获得教育培训以及照顾家庭等原因，自愿放弃就业机会而形成的失业。对自愿失业者中那些丧失信心者，需要给予帮助。

4. 失业的影响

失业是劳动者与生产资料相分离而导致的社会资源分配和使用不当。失业意味着劳动者就业收入的丧失和工作经历与工作技能积累的中断，同时意味着这部分劳动力资源退出生产领域，没有形成生产力，反而消耗社会财富。失业造成的影响主要表现在以下三个方面。

（1）造成失业者的物质损失和精神损失。失业者虽然可以通过领取失业保险金或政府补贴得到部分补偿，但是标准低、时间短，只能够解决一个时期的基本生活，不能长期持续取得收入为个人和家庭带来希望。长期失业还会导致劳动者丧失再就业的技能和信心，成为困难群体。

（2）导致经济紊乱，效率降低。失业意味着一部分劳动力资源的浪费，产出减少。失业会使居民收入减少，正常消费缩减，消费倾向降低，导致近期消费不足，储蓄倾向增强。失业率上升会带来生产消费相互影响的恶性循环。失业救济支出的增加，需付出更大成本，带来对社会财富的损耗。

（3）产生社会问题。大量的失业还会导致贫困、犯罪、家庭离异、子女失学等现象增加，这些社会问题是引发人心不稳、社会动荡、政治变动的敏感因素。

正因为失业对个人和家庭、对社会和经济的重大影响，各国政府都把促进就业和减少失业作为极为重要的社会政策目标加以考虑。

5. 失业登记

（1）失业登记的概念。失业登记是指对已失业的城乡劳动者的信息进行登记

---

① 边际劳动生产率是指增加的一单位劳动所引起的产量增加量。在实际应用中，边际劳动生产率可以帮助企业或经济体评估当前劳动力的使用效率。如果边际生产率高，意味着每增加一单位劳动力能带来较多的产出增加；反之，如果边际生产率等于或小于零，则意味着增加的劳动力并没有带来相应的产出增长，这可能是一个信号，表明应该重新分配劳动力资源。

的过程。失业登记是政府掌握劳动者就业失业状况的重要手段,是为失业人员提供就业服务,落实就业创业政策的基础工作。

(2)失业登记的对象。劳动年龄内、有劳动能力、有就业要求、处于无业状态的城乡劳动者,可在户籍地或常住地办理失业登记。劳动年龄内是指年满16周岁(含)至依法享受基本养老保险待遇。在内地(大陆)就业后失业的香港特别行政区、澳门特别行政区居民中的中国公民和台湾地区居民可参照执行。

(3)失业登记的范围。失业登记的范围主要包括下列失业人员。

1)年满16周岁,从各类学校毕业、肄业的。

2)从企业、机关、事业单位等各类用人单位失业的。

3)个体工商户业主或私营企业业主停业、破产停止经营的。

4)承包土地被征用,符合当地规定条件的。

5)军人退出现役且未纳入国家统一安置的。

6)刑满释放、假释、监外执行或解除劳动教养的。

7)各地确定的其他失业人员。

(4)失业登记所需材料。办理失业登记的劳动者应提供本人有效身份证件,填写"失业人员登记表",提供个人基本信息和失业原因,并由本人对填写信息真实性做出承诺。其中,内地(大陆)居民的有效身份证件是指劳动者的居民身份证或社会保障卡(实体证件或电子证照);港澳台居民的有效身份证件是指港澳台居民居住证或社会保障卡、港澳居民来往内地通行证。

(5)失业登记办理渠道。办理失业登记可通过线下或线上两种方式。线下渠道包括各级公共就业服务机构综合性服务场所和街道(乡镇)、社区(村)基层公共就业服务平台,以及受县级以上人力资源社会保障部门委托承担残疾劳动者失业登记工作的残疾人就业服务机构。线上渠道包括各地对外办理失业登记服务的网站、移动客户端、微信等应用平台,以及人力资源社会保障部依托全国人力资源社会保障政务服务平台开设的失业登记全国统一服务入口。以北京市为例,可以通过北京市人力资源和社会保障局官网(https://rsj.beijing.gov.cn/)、"北京人社"App或"北京人社"微信公众号登记操作,也可在户籍地或常住地街道(乡镇)政务服务中心柜台线下办理。全国统一服务平台为:人力资源和社会保障政务服务平台(http://12333.gov.cn)或"掌上12333"App。

思考题

1. 简述就业与失业的基本概念,说明就业的重要意义。
2. 简述调查失业率的统计方法,说明什么是摩擦性失业和结构性失业。
3. 简述应如何办理就业登记和失业登记。

培训课程 2

贯彻积极的就业方针和就业政策

学习目标

1. 了解国家就业方针和就业政策要点。
2. 了解我国积极就业政策的演进和发展。

一、我国的就业方针

1. 我国就业方针的确立和发展

我国的就业方针随着就业形势的发展变化调整充实,从而推动就业事业不断取得新的进展。

(1) 改革统包统配制度,实行"三结合"就业方针。20世纪70年代末,多年积累的就业矛盾和数百万名下乡知识青年回城形成了就业高峰。为解决此问题,1980年,党中央提出了"在国家统筹规划和指导下,实行劳动部门介绍就业、自愿组织起来就业和自谋职业相结合"的"三结合"就业方针,从而突破了政府统包统配的就业格局,开拓了多种就业渠道,使当时的就业问题得到较好解决。

(2) 化解下岗失业难题,确立新的"三结合"就业方针。2002年,我国改革进入攻坚阶段,城镇新增劳动力进入高峰,大批国有企业下岗职工面临再就业问题。为了解决好这个新难题,党中央、国务院及时做出了实施积极就业政策,大力推进再就业的决策,明确"坚持市场导向就业机制的改革",同时实施"劳动者自主择业、市场调节就业和政府促进就业"的新"三结合"就业方针,化解了下岗失业大潮的冲击,推进城乡统筹就业取得重大进展。

(3) 推动实现更高质量就业,确立新时代就业方针。党的十八大提出推动实现更高质量就业的新要求，确立了"劳动者自主就业、市场调节就业、政府促进就业和鼓励创业"的新时代就业方针，即在实现稳定和扩大就业的同时，鼓励支持各类劳动者更多地创业并带动就业。党的二十大提出实施就业优先战略，强化就业优先政策，健全就业促进机制，促进高质量充分就业。即通过健全就业公共服务体系、健全终身职业技能培训制度、完善促进创业带动就业的保障制度等举措，大力促进高质量充分就业，为推动落实就业方针提出了新目标、新要求。

2. 我国就业方针的内涵

（1）劳动者自主就业。在劳动力市场上，劳动者是就业的主体，具有宪法赋予的就业权利和择业自由。劳动者自主就业就是倡导劳动者树立正确就业观念，充分调动劳动者就业的主动性和能动性，促进他们发挥就业潜能和提高职业技能，依靠自身努力，自谋职业和自主创业，尽快实现就业。实现劳动者自主就业的具体要求为：①劳动者转变依靠政府解决就业的传统观念，树立市场经济条件下自主就业的新观念；②积极参加培训，提高个人素质和市场竞争力；③不等不靠，自己主动寻找职业，自谋职业，主动开发岗位。实践证明，自主就业可以充分发挥劳动者的主观能动性和聪明才智，不仅有利于社会经济的发展，而且可以减轻政府包揽就业的压力。

（2）市场调节就业。市场调节就业是指通过培育和发展劳动力市场，以市场机制为配置劳动力资源的基础性调节手段，实现用人单位和劳动者的双向选择。实现市场调节就业的具体要求为：①坚持在市场就业中贯彻企业自主用人，劳动者自主就业，通过市场对接在双向选择中实现匹配；②劳动力合理流动，充分发挥市场灵活调节和动态平衡的作用，在流动中实现优化配置，使合适的人找到合适的岗位。市场调节实现劳动者就业不找"市长找市场"，有利于劳动力不断提高自身素质，有利于劳动力资源从总体上得到充分的利用和开发。

（3）政府促进就业。在市场经济条件下，政府促进就业的职能与计划经济条件下有根本不同，既不是把劳动者的就业包下来，也不是把就业完全交给市场自发调节。实现政府促进就业的具体要求为：①通过促使宏观经济与就业协调发展，拓展就业领域，增加就业岗位；②通过制定实施积极就业政策，促进企业合理用人，促使劳动者尽快实现就业；③培育健全、统一、规范、灵活的人力资源市场，健全就业服务体系，保证市场就业竞争的公平合理；④实行就业援助，帮助失业人员和就业困难群体实现就业。

（4）政府鼓励创业。创业是就业之源，具有带动就业的倍增效应。面对就业压力加大的形势，政府必须着力培育"大众创业、万众创新"的新引擎，实施更加积极的就业政策，鼓励支持更多劳动者自主创业，并为他们创业成功提供支持帮助，把创业和就业结合起来，以创业创新带动就业的扩展，并为就业注入新动能。

二、我国积极的就业政策

我国积极的就业政策产生于2002年，在借鉴其他国家经验和总结地方成功做法的基础上，形成了积极的就业政策框架。伴随我国就业的发展变化和工作需要，积极的就业政策不断调整和完善，在实践中逐步形成了一套涉及面广、扶持力度大、项目内容多的较完整的就业政策体系，主要包括以下十个方面。

1. 有利于就业增长的经济政策

通过经济发展扩大就业是解决就业问题的根本措施。积极的就业政策强调，要坚持在发展中解决就业问题，努力实现促进经济增长与扩大就业的良性互动。

一是协调宏观经济政策，保持国民经济必要的增长速度，扩大就业。

二是优化经济结构，即在产业类型上，注重发展劳动密集型产业；在经济类型上，注重发展非公有制经济；在企业规模上，注重扶持中小微企业；开拓国际国内劳务市场。对内鼓励跨地区劳务协作，组织劳动者转移就业；对外实施"走出去"，努力开拓国际劳务市场。

2. 鼓励劳动者自主创业和灵活就业的政策

自主创业是劳动者通过自主创办生产服务项目、企业或从事个体经营实现市场就业的重要形式。劳动者通过创业，在实现自身就业的同时，可以带动更多劳动者就业。

灵活就业在适应市场扩大就业机会中具有重要作用。国家政策鼓励扶持更多的劳动者自谋职业、自主创业和灵活就业。具体的鼓励措施包括税收减免政策、行政性收费减免政策、创业贷款政策、场地安排政策、创业培训指导服务等。

3. 鼓励企业吸纳就业的政策

企业吸纳是解决就业问题的重要渠道。为鼓励企业吸纳就业，明确对符合条件的企业实行税收优惠、社会保险补贴、小额担保贷款三项优惠扶持政策。

4. 对就业困难人员的援助政策

就业困难人员一般是指大龄、身有残疾、享受最低生活保障、连续失业1年以上，以及零就业家庭、因失去土地等原因难以实现就业的人员。对就业困难人员主要有公益性岗位社保补贴及岗位补贴、对企业的社保补贴、对灵活就业的社保补贴三项扶持政策。

5. 国有大中型企业主辅分离分流安置富余职工政策

鼓励有条件的国有大中型企业在进行结构调整、重组改制和主辅分离过程中，发挥企业内部潜力，利用非主业资产和闲置资产安置企业富余人员，而不是直接推向社会，从而减轻社会就业压力。对国有大中型企业主辅分离分流安置富余职工有税收减免、冲减资本金两项支持的政策。

6. 加强公共就业服务的政策

加强公共就业服务为主体的就业服务体系和功能，规范职业中介机构和人力资源市场的管理，对促进就业具有重要作用。政策要求地方各级政府建立健全公共就业服务体系。

一是公共就业服务机构承担办理就业登记、失业登记等事务，为劳动者免费提供就业政策、法律法规咨询、职业供求、市场工资指导价位和职业培训等信息，以及职业指导、职业介绍和就业援助等公共就业服务。

二是向劳动者提供免费的就业服务，并将经费纳入同级财政预算。

三是积极推进街道、社区、乡镇、村的基层平台建设，指导和支持其开展管理和服务的基础工作，实施就业援助、宣传政策等。

四是为职业中介机构开展公益性就业服务提供职业介绍补贴。

7. 强化职业技能培训的政策

强化职业技能培训对提高劳动者就业技能具有积极作用。相关政策要求如下。

一是对失业人员、符合条件的高校毕业生、进城务工、返乡就业农村劳动者，以及重点群体、困难群体参加职业培训的，给予职业培训补贴。劳动者通过职业技能评价取得职业资格证书（技能等级证书）的，给予一次性职业技能鉴定补贴。

二是人力资源社会保障部门面向社会教育培训资源，通过招投标方式，认定一批定点机构，组织开展多层次、多形式职业技能培训。

三是建立和完善政府出资购买培训成果机制，根据培训质量和培训后的就业情况，给予相应的职业培训补贴，引导培训机构根据市场需求和就业需要，提高培训的实用性和有效性。

8. 加大就业资金投入的政策

促进就业的各项政策措施需要资金的支撑。相关政策文件对资金的筹集、使用、管理作出了具体规定。

一是要求县级以上人民政府根据就业状况和就业工作目标，在同级财政预算中安排就业专项资金用于促进就业工作，主要用于职业介绍补贴、职业培训补贴、社会保险补贴、公益性岗位补贴、职业技能鉴定补贴、特定就业政策补助、创业贷款担保基金和小额担保贷款贴息，以及扶持公共就业服务体系建设等。

二是中央财政通过专项转移支付的方式对地方给予适当补助，并对中西部地区和老工业基地给予重点支持。

三是失业保险基金可以用于失业人员接受职业培训和职业介绍的补贴，之后又扩大到援企稳岗补贴和技能提升行动。

9. 对失业进行调控和治理的政策

政策要求综合运用法律的、经济的和必要的行政手段，从源头上做好失业预防工作，并对失业进行调控。

一是结合控制失业率的目标和本地区实际，建立失业预警机制，健全失业监测体系，对因经济形势发生重大变化直接影响就业的行业和企业，以及困难地区，要指导做好失业调控工作，保持就业局势稳定。

二是做好重组改制和关闭破产国有企业职工安置工作，切实维护职工合法权益。

三是规范企业裁员。

四是引导企业所有者和经营者树立社会责任意识，通过政府、企业和职工三方协商保障企业和职工利益，增强职工就业的稳定性。

10. 形成社会保障与促进就业联动的政策

政策要求有效衔接社会保障与促进就业的关系，进一步完善社会保障制度，建立社会保险与促进就业联动机制。

一是合理确定失业保险和城镇居民最低生活保障水平。

二是建立促进就业的激励约束机制。

三是扩大社会保险覆盖面，使更多的城乡劳动者参加社会保险，并在流动就业中能够接续社会保险。

四是运用阶段性社会保险缴费降、减和失业保险返还措施，援助困难企业渡过难关，稳定岗位和就业。

三、我国积极就业政策的演进和发展

我国积极就业政策自创立以来，针对不同时期的就业状况，不断调整充实，有效推动了我国的就业工作，使就业规模不断扩大、就业结构不断优化、实现了就业平稳增长和就业局势基本稳定。积极就业政策的创立和不断演进可分为四个阶段（即 1.0 版至 4.0 版）。

1. 积极就业政策的创立（1.0 版：2002—2005 年）

2002 年，围绕解决下岗失业人员的再就业问题，中共中央、国务院下发《关于进一步做好下岗失业人员再就业工作的通知》，提出了积极的就业政策。根据文件精神，劳动保障部、国家计委、国家经贸委、监察部、财政部、建设部、中国人民银行、国家税务总局、国家工商行政管理总局、中央编办、全国总工会等单位和部门制定出台了八个配套文件，细化了资金管理、税费减免、小额担保贷款、主辅分离、免费就业服务和职业培训等扶持政策的操作。这些文件使《关于进一步做好下岗失业人员再就业工作的通知》的规定具体化、并相互配套，共同构筑了积极就业政策的基本框架，为做好这个时期就业再就业工作奠定了重要基础。

2. 积极就业政策的延续、扩展、调整和充实（2.0 版：2005—2008 年）

2005 年，国务院下发《关于进一步加强就业再就业工作的通知》（国发〔2005〕36 号）。这个文件在调查研究和总结评估的基础上，对 2002 年的政策进行了延续、扩展、调整和充实，增强了政策的针对性和有效性，确立了新一轮积极就业政策体系。文件明确，今后三年重点解决好体制转轨遗留的下岗失业人员再就业问题，同时努力做好城镇新增劳动力就业和农村富余劳动力转移就业工作，有步骤地提高城乡统筹就业和劳动者素质，探索建立市场经济条件下促进就业的长效机制。2007 年 8 月，第十届全国人民代表大会常务委员会第二十九次会议审议通过《中华人民共和国就业促进法》，并于 2008 年 1 月 1 日起实施。2008 年初，国务院下发《关于做好促进就业工作的通知》（国发〔2008〕5 号），明确了积极的就业政策与法律衔接的有关规定，并对贯彻落实法律法规、进一步做好就业工作提出了明确要求。

3. 应对危机，制定实施更加积极的就业政策（3.0 版：2008—2014 年）

2008 年 9 月，国际金融危机扩散蔓延，世界经济大幅衰退，我国经济也遭受严重冲击，就业工作面临严峻挑战。党中央、国务院果断决策，采取有力措施，在保持经济增长的同时，实施更加积极的就业政策。从 2008 年 9 月底到 2009 年 2 月初，在短短不到半年的时间里，国务院为做好就业工作先后出台了《关于做好当前经济形势下就业工作的通知》（国发〔2009〕4 号）等 4 个文件，包括 1 个综合性文件和 3 个专门文件，涉及促进创业带动就业、高校毕业生就业、农民工就业的相关政策。与此同时，经国务院同意，国务院就业工作部际联席会议有关部门联合制定了3个文件，涉及减轻企业负担、稳定就业、实施特别职业培训计划、开展就业服务系列活动等相关工作。这些政策措施丰富了积极就业政策的内容，形成了一整套应对国际金融危机、稳定和扩大就业的更加积极的就业政策体系。

4. 新时代积极就业政策的提升和创新（4.0版：2015年至今）

党的十八大以后，随着我国经济发展进入新常态，面对经济下行状况下的就业工作的新形势，国家不断调整就业政策。2015年4月，国务院印发了《关于进一步做好新形势下就业创业工作的意见》（国发〔2015〕23号）文件，明确提出把创业和就业结合起来，以创业带动就业。2018年7月，中共中央政治局召开会议提出做好"稳就业、稳金融、稳外贸、稳外资、稳投资、稳预期"工作要求，把稳就业作为"六稳"之首。12月，中央经济工作会议提出"实施就业优先政策"。2019年3月，在政府工作报告中把就业优先政策首次置于宏观政策层面，与积极的财政政策、稳健的货币政策成为宏观调控的三大支柱政策。2020年4月，为应对突发疫情，中共中央政治局召开会议提出"保居民就业、保基本民生、保市场主体、保粮食能源安全、保产业链供应链稳定、保基层运转"的"六保"要求，把保居民就业作为"六保"之首。各部门各地方出台一系列更加积极、更为务实的就业政策措施，有力推进了稳就业、保就业工作。党的二十大进一步明确实施就业优先战略，强化就业优先政策。2023年4月，国务院办公厅印发《关于优化调整稳就业政策措施全力促发展惠民生的通知》（国办发〔2023〕11号），文件明确了三个方面的政策。一是激发活力扩大就业容量；二是拓宽渠道促进高校毕业生等青年就业创业；三是强化帮扶兜牢民生底线。这些政策措施是对积极就业政策的丰富与发展、提升和创新。

思考题

1. 我国就业方针的内涵包括哪几个方面？
2. 简述积极就业政策的主要内容。

培训课程 3

建立健全公共就业服务体系

1. 了解公共就业服务的概念和内涵。
2. 掌握公共就业服务的功能。
3. 了解我国公共就业服务体系建设情况。

一、就业服务的概念和内涵

1. 就业服务的概念

就业服务是指就业中介组织为满足劳动者求职和用人单位招工的需求而提供的各类服务。国际劳工组织把就业服务看作是以最佳方式组织劳动力、实现和维持充分就业、开发利用生产资源的重要手段。

就业服务按其提供者分为两类：一是由私营机构提供的就业服务，二是由政府提供的公共就业服务。发展公共就业服务是国际通行的做法。

2. 公共就业服务的内涵

公共就业服务机构是由政府部门提供的就业服务中介组织。根据"国际劳工公约"规定，公共就业服务机构应具备以下特征：一是由国家建立，在政府领导或监督下开展业务，并给予充分的资金保障；二是就业服务机构由国家主管部门、地区性就业服务机构和地方基层就业服务机构组成，上下形成网络，有足够的数量覆盖全国；三是就业服务机构的职员应是政府雇员性质，应保证其职业稳定；四是公共就业服务机构应向求职者和失业人员提供免费的就业服务，向雇主提供的基本的就业服务也应免费。目前，绝大多数国际劳工组织成员国都按以上要求建立了公共就业服务体系,并免费为公众服务。

公共就业服务的主要目标是:塑造更加公平有效的市场,弥补市场信息不足、招聘歧视、过度竞争、对弱势群体缺乏保护的缺陷,帮助劳动者特别是困难群体就业,促进劳动力流动,保障供求有效配置。

由于国情不同,各国公共就业服务的目标任务、组织结构存在差异,但基本都有以下四项基本职能:一是职业介绍;二是人力资源市场信息开发;三是人力资源市场计划调整;四是失业津贴管理。目前,公共就业服务的四项职能的一体化发展已经成为一种重要趋势。不管是以服务对象为中心的一体化或一站式服务,还是分层次提供服务,其目标的核心都是更好地实施积极的人力资源市场政策,有效促进就业。

二、就业服务的功能

1. 促进用人单位和求职者相互选择

就业服务通过收集和提供空岗、求职信息,加强供求双方的相互联系,缩短招聘和求职时间,从而促进劳动者和职业岗位尽快结合,合理配置。通过开展职业介绍、职业指导、职业咨询,帮助求职者掌握求职技巧,指导用人单位正确招聘用工,从而极大地提高双方选择的成功率。

2. 促进劳动力合理流动

通过及时、快捷的就业服务,可以带动企业进行人力资源结构调整,从而促进产业升级换代。同时,通过开展积极主动的就业服务,可以减少劳动者职业流动过程中的人为障碍,帮助其顺利实现职业转换。

3. 帮助困难群体就业

就业困难群体由于其自身素质、技能等原因,面临就业困难、缺乏竞争力等就业问题,最需要就业服务的帮助。帮助困难群体就业是政府扶困济贫的本职所在,并且对有效保持社会稳定具有重要意义。

4. 促进人力资源充分开发和有效利用

通过就业服务,可以有效调节人力资源市场上的供求关系,促进人力资源合理配置,实现人力资源更充分地开发和更好地利用,并保持人力资源的供需平衡。

三、我国公共就业服务体系建设

1. 建立公共就业服务的法律法规

我国宪法和劳动法明确规定了国家应该为公民创造劳动就业条件。2008年开始实施的《中华人民共和国就业促进法》从法律上对公共就业服务机构的设立、功能、经费保障等做出了明文规定。此外，相关部门出台的就业服务、人力资源市场等方面的专项法规，为就业服务的发展指明了方向，提供了保障。

2. 开展工作体系建设

我国的公共就业和人才服务机构主要包括以下三类。

（1）公共就业和人才服务管理机构。公共就业和人才服务管理机构承担本地区公共就业和人才服务规划，统筹管理辖区内的各级各类公共就业和人才服务机构、窗口等工作。

（2）公共就业和人才服务工作机构。公共就业和人才服务工作机构按照统一服务窗口的要求，设立专门服务场所，作为直接面向求职者和用人单位提供服务的综合性服务窗口，承担政策咨询、信息发布、职业介绍、职业指导、职业培训、创业服务和人力资源社会保障事务代理等多项服务功能。

（3）以街道（乡镇）、社区（村）劳动就业和社会保障工作平台为主的基层公共就业和人才服务机构。以街道（乡镇）、社区（村）劳动就业和社会保障工作平台为主的基层公共就业和人才服务机构承担面向基层群众提供公共就业和人才服务、对就业困难群体提供就业援助等基础性工作。

思考题

1. 简述公共就业服务的功能。
2. 简述我国的公共就业和人才服务机构的主要类型。

培训课程 4

推动全方位公共就业服务

学习目标

1. 了解全方位公共就业服务的概念。
2. 掌握全方位公共就业服务的主要内容。

一、全方位公共就业服务概述

1. 全方位公共就业服务的概念

全方位公共就业服务是以促进就业创业为宗旨，以落实就业创业政策为主导，以满足劳动者实现就业和自主创业的多元需求和单位用人的基本需求，实现劳动力供求相互匹配为主线，所提供的全面、便捷、高效的服务。全方位公共就业服务包括以下五个方面的基本内涵。

（1）服务对象的全方位——覆盖全体对象。一是面向有就业创业意愿的城乡劳动者的就业创业服务；二是面向有招聘需求的社会各类单位的用人服务；三是面向有服务需求的各类社会培训、中介等机构的支持服务。

（2）服务过程的全方位——贯穿就业全程。一是对就业政策落实各环节的全程服务；二是对劳动者职业生涯各阶段的全程服务；三是对单位用人相关方面的全程服务。

（3）服务项目的全方位——配备齐全功能。一是提供职业指导服务和职业介绍服务；二是提供就业技能培训服务；三是提供专项援助服务；四是提供就业扶贫和劳务输出服务；五是提供创业全程服务；六是提供失业保障服务；七是提供就业合作服务；八是提供信息和数据分析服务。

（4）服务手段的全方位——运用多种方式。一是场所窗口服务；二是线上网络服务；三是线上线下结合的综合服务；四是宣传咨询服务。

（5）能效提升全方位——实现便捷高效。一是实现就地就近办理和网上快捷办理；二是简化服务流程；三是实施精准化服务。

2. 构建全方位就业服务体系的基本要素

（1）制度标准要素。制度标准要素包括基本服务均等制度体系和公共服务标准体系建设。

（2）硬件建设要素。硬件建设要素包括服务机构规划建设和服务网点合理布局。

（3）智能建设要素。智能建设要素包括服务功能设置和信息服务平台建设。

（4）机构合成要素。机构合成要素包括公共就业服务组织体系和合作机构网络建设。

（5）能力建设要素。能力建设要素包括专业化工作队伍建设和岗位定责、绩效管理。

（6）体制保障要素。体制保障要素包括落实就业工作法律地位和提供经费保障。

3. 全方位公共就业服务基本原则

（1）以人为本，保障基本。立足基本国情，着力解决人民群众最关心、最直接、最现实的利益问题，促进劳动者就业创业。坚持尽力而为、量力而行，优先保障基本公共就业服务。

（2）统筹城乡，促进均等。加快城乡间、区域间制度一体化建设，加大公共资源向农村、贫困地区、重点群体倾斜力度，保障各类服务对象获得机会均等的基本公共就业服务。

（3）政府主导，多元参与。把握公共就业服务公益属性，发挥市场机制作用，健全政府和社会、管理和服务、统一和分级分类相结合的工作机制，形成推进全方位公共就业服务合力。

（4）改革创新，提质增效。深入推进"放管服"改革，创新服务理念，优化服务流程，加强绩效评价，全面提升公共就业服务质量、效率和群众满意度。

二、全方位公共就业服务的主要内容

1. 覆盖全民的公共就业服务范围

（1）推动公共就业服务城乡常住人口全覆盖。劳动年龄内、有劳动能力、有就业要求的城乡劳动者可持居民身份证（或社会保障卡），港澳台人员可持港澳台居民居住证（或港澳居民来往内地通行证、台湾居民来往大陆通行证），在常住地公共就业服务机构申请公共就业服务。

（2）保障各类用人单位同等享有公共就业服务。各类企业、个体经济组织、民办非企业单位等组织，机关事业单位、社会团体以及创业实体，可向公共就业服务机构咨询了解人力资源市场信息，申请招聘用工服务。对民营企业等非公有制经济，提供同等服务。

2. 贯穿全程的公共就业服务功能

（1）完善对劳动者求职就业全程服务。详细了解劳动者就业意愿，按照其需求和能力素质进行分级、分类提供职业介绍和职业指导服务。对登记失业人员开展失业原因分析，向其推介就业创业政策和职业培训项目，开展求职技巧指导，精准匹配岗位信息，并回访求职结果。

（2）加强对用人单位招聘用人全程指导。加强对用人单位需求分类评估，指导其合理制订招聘计划和招聘条件，提供稳定用工和就业创业政策法规、市场工资指导价位、劳动合同示范文本等方面的咨询服务。加强劳动关系协调和矛盾调处，引导企业依法用工、劳动者依法维权，努力构建和谐劳动关系。

（3）强化创业全程服务。对有创业意愿的劳动者，提供创业培训（实训）、开业指导、融资服务、政策落实等"一条龙"服务。加强创业孵化基地建设，为入驻创业实体提供有效的综合服务和政策扶持。加大创业担保贷款贴息等政策落实力度，完善担保机制。注重对创业失败者的指导服务。

（4）实施就业援助全程帮扶。对就业援助对象实施优先扶持和重点帮助，指定专人负责，制订个性化就业援助计划，明确服务项目和步骤，开展心理疏导，组织参加职业培训，跟踪解决就业过程中的困难和问题。

（5）推行终身职业技能培训。实施重点群体职业培训专项行动，全面开展企业职工岗前培训、企业新型学徒制培训、岗位技能提升培训，着力加强高技能人才培训，推进创业创新培训。

（6）适应市场需求开展专项服务。根据人力资源市场供求周期性规律，在全国范围内集中组织公共就业服务专项活动。组织地区间、城乡间劳务协作。建立公共就业服务应急机制：对存在高失业风险的地区、行业和劳动者群体，开展专项帮扶；对出现生产经营困难需要进行规模性裁员的企业，提供劳动关系处理、社会保险接续等方面的专项咨询指导和再就业服务工作。

3. 辐射全域的公共就业服务体系

（1）构建政府主导社会参与的多元化供给体系。建立健全公共就业服务体系，完善公共就业服务机构设置，完善街道（乡镇）、社区（村）服务平台，构建覆盖城乡的公共就业服务网络。各地可采取招标等方式，广泛吸引社会资本和优质资源参与政府公共就业服务设施建设和运营管理。

（2）完善全领域的多渠道供给机制。推动线下实体网点服务与线上互联网服务深度融合，实现同一业务事项多渠道可受理、任一方式可办结。综合考虑服务半径、服务人口、资源承载能力和城镇化发展趋势，统筹布局服务网点。合理设置经办窗口，开设重点群体专门窗口和绿色通道，设立自助服务区域，改善线下服务体验。延长线上服务链条，推动职业介绍、就业失业登记等事项"应上尽上、全程在线、全网通办"。拓展多种渠道，实现线上服务同步联动。

（3）提升贫困地区公共就业服务能力。各地财政投入和资源配置要加大向农村和贫困地区的倾斜力度，推进城镇公共就业服务向农村延伸，推动城市优质资源向农村辐射。运用现代信息技术手段和政府综合公共服务资源，大力开展服务下乡、巡回指导等活动。组织发达地区与贫困地区建立对口支援长效机制。

4. 便捷高效的公共就业服务方式

（1）推动标准化服务。建立健全公共就业服务标准体系，完善设施设备、人员配备等指导性标准，统一公共就业服务视觉识别系统，统一核心业务流程和规范。逐项编制通俗易懂的办事指南，系统梳理并公开必须到现场办理的事项目录。

（2）推进智慧化服务。打造全国统一的智能公共就业服务信息化平台，加快应用大数据、云服务技术，全面推进"互联网＋公共就业服务"。全面开展就业失业登记、社会保险登记、劳动用工备案业务协同，实行就业创业政策受理、审核、实施一体化办理。全程记录落实政策和提供服务信息，全面推进信息数据向上集中，实现跨地区、跨部门交换共享和动态管理。积极推动电子社保卡线上业务领域应用。

（3）推行便民化服务。简化优化服务流程，清理各类无谓证明，压减经办事项自由裁量权。完善预约服务、上门服务、集中服务、代理服务、远程服务等便民措施,加强跨辖区、跨层级、跨业务经办衔接,全面实行"一门、一窗、一网、一次"办理。健全监督和奖惩机制,打造群众满意的公共就业服务。

思考题

1. 简述全方位公共就业服务的内涵。
2. 简述公共就业服务的主要内容。

培训课程 5

促进高质量充分就业的内涵

学习目标

1. 了解高质量就业和充分就业的内涵。
2. 掌握高质量充分就业的概念。

党的二十大报告提出促进高质量充分就业的新目标。这一目标既对国家（地区）的就业扩展和失业调控，即实现就业的充分性提出了要求，又对市场用工和劳动者就业的状况改善，即提升就业质量指出了努力的方向，不仅强调了扩大就业数量和提高就业质量的同等重要和统一协调，而且也指明了这两者之间相辅相成、相互促进的内在关系，体现了新时期促进就业的新思维、新理念、新要求。充分理解促进高质量充分就业的内涵，对推动这一新的就业目标的实现具有重要意义。

一、高质量就业

1. 就业质量的概念

1999年，国际劳工组织首次提出了"体面劳动"的概念，指劳动者在自由、平等、保证安全和个人尊严的前提下，应获得体面、高效工作的机会。2015年，联合国通过《2030年可持续发展议程》，将"促进充分的生产性就业，促进人人有体面工作"列为主要目标之一。欧盟将工作质量的提升作为政策与实践的"优先领域"，并提出工作质量就是良好的工作条件和内容。

参考国际通识，结合中国实际，就业质量是指劳动者在与生产资料相结合从事社会劳动过程中工作条件的优劣程度。其主要涉及工资报酬、职业能力、劳动关系、职业安全、权益保护、社会保障等内容。就业工作的重心不仅是开拓渠道，使劳动者有业可就，而且要着力解决在就业质量方面存在的问题，不断提升就业质量，实现高质量就业。

2. 高质量就业的内涵

高质量就业是在解决影响就业质量问题的基础上，与经济社会高质量发展和科技进步相适应，使劳动者就业的质量不断得到改善和提高。高质量就业主要包括以下四个方面。

（1）劳动者工资收入和劳动报酬合理提升，并与经济增长同步提高。

（2）劳动者职业素质和工作能力不断增强，教育培训与生产发展、科技进步更好结合。

（3）劳动关系与职业安全不断改善，企业与劳动者的劳动关系更加和谐，职业安全和健康得到保证。

（4）就业的稳定性与健全的社会保障制度相辅相成，劳动者的工作与生活得以平衡协调，对劳动者更好的权益维护成为稳定就业的支撑。

通俗来说，实现高质量就业就是在劳动者实现就业的同时，收入能增长，素质有提高，条件得改善，权益获保障。

3. 实现高质量就业是一项全面的系统工程

实现高质量就业需要经济的高质量发展提供支撑，需要政府、企业和劳动者各方共同发力，并在就业优先政策的引领下，推进收入分配、教育培训、社会保障等事业的改革发展。只有保持劳动关系的和谐稳定，才能为实现更高质量就业奠定基础，创造条件。

二、充分就业

1. 充分就业的概念

国际上通常根据英国经济学家约翰·梅纳德·凯恩斯在《就业、利息和货币通论》中的观点来理解充分就业。其主要是针对在20世纪30年代经济危机引发的失业浪潮，提出通过政府的干预和财政信贷政策刺激有效需求扩张，从而减少失业和扩大就业。书中所主张的充分就业，是使所有愿意接受工作的人在某一工资水平之下都可以获得就业机会。当时的经济社会虽然还存在摩擦性的和结构性的失业，但属于很低的自然失业率，而劳动力的供给与需求在总体上也达到平衡。此后，该观点逐步发展，被用于对就业状况的衡量和对就业宏观目标的制定当中。

充分就业通常用失业率、就业率等指标来显示。国际劳工组织根据专家学者的意见，提出充分就业状态下失业率的参考值不超过 5%。

参考国际通识，结合我国实际，充分就业是指在一定工资水平下，愿意就业的劳动者都能够就业的状况。充分就业并不是指人人都就业，而是指全社会的就业持续稳定增长，保持较高的就业率。在充分就业状态下仍然存在一定数量的结构性失业和摩擦性失业，即因技术进步、产业结构变化、信息不对称和需求偏好而引起的职业转换中的暂时性失业，这也表明优化人力资源配置是一个动态调整过程。

2. 充分就业的内涵

（1）人力资源得到充分有效利用。人力资源得到充分有效利用即在就业扩大与经济发展形成良性互动的基础上，劳动力资源的供给增长与经济发展所带动的就业需求基本平衡，愿意就业的城乡劳动者都能够获得相应的就业机会。

（2）失业得到有效控制。失业得到有效控制即处于暂时失业的人群比例减小，失业周期缩短，且都能通过职业技能培训和就业服务参与到就业准备之中。

（3）渠道畅通有序。渠道畅通有序即劳动力市场机制进一步健全，劳动者自主创业、自由流动环境良好，企业用工需求与人力资源的匹配功效更高。

（4）全社会就业的稳定性不断增强。劳动者对就业岗位的认同感和归属感逐步提高，能够支撑充分就业的劳动参与率得以保持。

通俗来说，实现充分就业就是就业多，失业少，流得动，稳得住。

3. 实现充分就业的必要条件

实现充分就业不仅要有较高水平的经济发展和结构优化扩展的就业空间，而且还要依托全方位的公共就业服务体系，以及"保生活、促就业、防失业"三位一体的失业保险制度和良好的劳动力市场机制环境等来支撑。

三、高质量充分就业

1. 高质量充分就业的概念

高质量充分就业是指在经济持续健康发展过程中不断创造新的就业岗位，劳动者都能够就业，且劳动者的就业状况和工作条件不断改善，达到比较理想的状态。用通俗的话来概括就是：总体失业率降低，就业稳定性增强，保障覆盖面更全，工作满意度升高。高质量充分就业的内在要求为：一是国家（地区）就业容量持续扩大，就业结构不断优化，失业率得到有效控制；二是用工主体的生产条件、经营环境不断改善，劳动保障更加健全，劳动关系更加和谐，员工队伍相对稳定；三是劳动者个人的就业机会更加公平，劳动收入和工作更为稳定，职业能力提升与职业发展有更多空间，社会保险和权益保障更加可靠。

2. 高质量充分就业的辩证关系

（1）促进高质量充分就业应在质量和数量上协调共进。党的二十大将促进高质量充分就业作为新时代就业的战略性目标，是对促进就业工作的总体要求，推动了就业从数量和质量两个方面协同发展。充分就业是实现高质量就业的前提条件，只有在实现和保持充分就业的同时，就业质量的提升才有可能逐步实现。而就业质量的不断提升，会极大增强就业的稳定性，促进就业的可持续健康发展，进而为实现充分就业提供推进动力。因此，高质量充分就业不仅要解决"多就业、少失业"的就业数量问题，而且要解决好工作条件改善和劳动者权益保障的就业质量问题；不仅要实现人人都有机会就业，而且要实现在参与社会劳动中提高素质、提升收入和职业发展的问题。

（2）高质量充分就业与高质量经济社会发展相适应相匹配。就业是最基本的民生，就业在经济社会发展中的地位应进一步得到提升。同时，人的发展也要在经济社会发展中得到更好保证。在促进高质量充分就业过程中需要充分发挥人力资源作为第一资源的作用，造就一代高素质的新型劳动大军，走出一条人才强国之路，从而为实现高质量的发展提供坚实的基础和强有力的支撑。

（3）促进高质量充分就业应在宏观和微观上相互结合。充分就业着重反映整体的就业效益，可侧重从宏观方面即全社会层面考察、衡量一个国家（地区）劳动者就业整体水平是否提升，失业是否得到有效控制；高质量就业着重反映的是劳动者个体的就业效益，可侧重从微观方面即企业和单个劳动者层面考察，衡量劳动者在从事社会劳动中的就业质量是否提高、工作条件是否改善；在宏观层面也可结合人力资源是否有效利用来观察。总之，从宏观和微观两个层面结合考察，可以相互印证，全面反映高质量充分就业的整体情况，而且便于实践操作。

思考题

1. 用通俗的语言来表述高质量就业的基本内涵。
2. 用通俗的语言来表述充分就业的基本内涵。
3. 请简述应如何理解高质量充分就业。

职业模块 4
劳动就业基本业务知识

培训课程 1

夯实重点群体的就业服务

1. 掌握就业重点群体的概念与范围。
2. 掌握针对不同重点群体的服务内容。

一、就业重点群体的概念与范围

1. 就业重点群体的概念

就业重点群体是指国家制定就业政策时重点关注、重点扶持的人群。他们在就业市场上面临着各种就业风险和难题,国家和地方政府部门通过采取一系列政策措施,完善重点群体就业支持体系,增强就业保障能力。通过市场化社会化就业与政府帮扶相结合,促进重点群体多渠道就业创业,以推动全社会的就业稳定和经济发展。

2. 就业重点群体的范围

《"十四五"就业促进规划》明确了就业重点群体主要包括高校毕业生和城镇青年、退役军人、农村劳动力、脱贫人口等。

(1)高校毕业生。高校毕业生是指从国内高等院校毕业的学生,包括专科生、本科生、硕士研究生、博士研究生等。一般指应届毕业生,也包括拿到毕业证的时间不超过择业期年限的往届生。

(2)城镇青年。城镇青年主要包括未继续升学的初高中毕业生、城镇失业青年、转岗青年职工等。

(3)退役军人。退役军人是指中国人民解放军依法退出现役的军官、军士和义务兵。

（4）农村劳动力。农村劳动力是指农村人口中在劳动年龄内，具有劳动能力并经常参加社会劳动的人。

（5）脱贫人口。脱贫人口是指农村贫困户经过产业帮扶等，实现了"两不愁、三保障"及家庭年人均纯收入达到了国家脱贫标准。

二、重点群体的服务内容

1. 高校毕业生就业

（1）服务目标。把促进高校毕业生就业工作摆在更加突出的位置，拓宽高校毕业生市场化社会化就业渠道，强化高校毕业生就业服务，实施"高校毕业生就业创业促进行动"，推动公共就业服务向高校毕业生倾斜，实现促进政策广覆盖、服务不断线、就业水平有提升。

1）鼓励多样化就业创业。向高校毕业生推介国家、省级及本地就业创业平台，大力宣传就业创业政策，提供多样化、个性化职业指导帮扶，拓宽就业创业渠道。提升高校毕业生对灵活就业、自由职业、创新创业等新就业形态的认知，鼓励投身基层、乡村，向民族边疆地区、中西部地区发展。

2）提升职业发展能力。指导和帮助高校毕业生制定职业规划和职业目标，引导其学习和掌握新技能，增加实践经验和提高工作能力，建立和拓展人脉关系，提高职场竞争力。

3）树立正确就业观念。引导高校毕业生全面了解最新就业形势，优化择业观、就业观，适度调整就业预期，明确个人求职定位。保持平实之心，客观看待个人条件和社会需求，从实际出发选择职业和工作岗位。

（2）服务举措。党中央、国务院高度重视高校毕业生就业工作，制定出台了一系列促进高校毕业生就业的政策措施，推动形成政策落实、服务提供、见习培训、创业支持、困难帮扶工作体系，建立离校未就业毕业生"一对一"帮扶机制，多措并举促进高校毕业生多渠道就业创业。

1）落实实名制服务。依托上级主管部门提供的未就业高校毕业生名单，采取上门、电话、微信群等多种形式加强沟通，主动走访了解未就业高校毕业生的基本情况、求职意愿等，告知报到接收手续流程和办理方式，亮出就业政策和服务事项，指导未就业高校毕业生通过国家统一平台进行实名制登记。

2）拓展就业渠道。结合高校毕业生特点，有针对性地提供创业政策、灵活就业政策支持；向高校毕业生推介"三支一扶"计划、"乡村振兴协理员"、教师特岗计划和西部计划等基层服务项目，引导未就业高校毕业生到城乡社区等基层公共管理岗位就业；结合本地实际，创新挖掘适合高校毕业生从事的工作岗位。

3）优化招聘服务。依托国家大学生就业服务平台、中国公共招聘网、各省市公共就业服务平台，持续开展百日千万、国聘行动、职引未来等系列招聘活动，提供求职招聘、职业指导、政策宣讲等一站式就业服务。设置高校毕业生就业服务专区，定期制作发布招聘日历，组织推出行业性、区域性、专业性小型专场精品招聘活动，集中发布岗位信息。

4）全力提升就业能力。提供职业培训政策咨询，鼓励和引导高校毕业生参加技能培训、创业培训，主动推介新业态新模式、数字经济领域新职业等技能培训项目。落实百万就业见习岗位募集计划，结合本地区特点，重点开发一批科研类、技能类、管理类、社会服务类见习岗位，做好见习单位动态管理。开展见习岗位进校园、进社区活动，制定见习政策清单，搭建见习对接平台，向未就业高校毕业生推荐见习岗位，做好见习人员全程服务，定期跟进见习开展情况，帮助维护合法权益，提高见习质量。

5）开展困难帮扶。将辖区离校未就业困难家庭高校毕业生作为援助重点，实施"一对一"帮扶，包干到人，逐一了解情况，列出就业需求清单、帮扶清单，量身定制求职计划，有针对性地提供职业指导、岗位推荐、职业培训或就业见习服务。优先为其提供就业岗位，向招聘单位优先推荐录用。对符合条件的困难家庭高校毕业生，可通过临时性公益性岗位进行安置。

2. 城镇青年就业

（1）服务目标。健全城镇青年群体就业服务机制，建立日常帮扶和集中帮扶相结合的工作格局，形成及时发现、及时登记、及时帮扶的工作模式。强化职业指导和政策服务，提升职业适应能力。做好职业技能培训，开发高质量就业岗位，为青年就业创造更加有利的条件，积极促进青年就业创业。

1）增强城镇青年就业内生动力。充分挖掘城镇青年群体就业创业的积极性和主动性，激发城镇青年群体自身潜能，帮助城镇青年抓住机遇，促进全面发展。

2）增强城镇青年岗位胜任力。强化职业指导和职业培训，提升城镇青年群体的求职能力和专业技能，增强城镇青年就业的成长力和岗位胜任力。

3）增强城镇青年职场适应力。实施职业体验和求职实训，帮助城镇青年群体了解市场行情，增强职场适应力，从而更好地融入不断变化的人力资源市场。

（2）服务措施。促进城镇青年实现就业，应重点做好以下四个方面的服务。

1）创造多元就业机会。深挖数字经济、智能制造、新型城镇化、乡村振兴等领域，依托零工经济、共享经济和自主创业等多种形式，开发更多适合青年人的优质岗位和就业机会。对接本地区产业优化布局、区域协调发展和重点行业企业的用人需求，鼓励和引导城镇青年到急需紧缺的领域就业创业。

2）增强职业发展能力。针对城镇青年群体特点，加强求职技巧指导、面试指导，开展沉浸式职业体验，帮助掌握必要的求职方法和面试技巧，全面提升求职就业能力。组织开展新兴领域职业技能培训，将本辖区有培训意愿的青年全部纳入本地职业技能培训服务范围，引导城镇青年群体参加职业技能培训，获得相关职业资格证书或职业技能等级证书。

3）增强就业服务针对性。实施城镇青年就业启航计划，对有就业意愿的失业城镇青年开展职业素质测评，制订精细化求职就业计划，提供针对性岗位信息，提供一对一精准服务。通过设置线上服务专区、建立求职微信群、开通服务热线等方式，加强对求职招聘渠道及信息、社会保障政策以及各类招聘活动的宣传推广，开展适合青年人特点的"直播带岗""角色体验"等就业服务。

4）实施就业援助。为本地区残疾人、零就业家庭成员、长期失业人员中的青年群体提供就业援助，建立服务台账，提供至少1次职业指导、3次岗位推荐，1次职业技能培训或1次就业见习实习机会。

3. 退役军人就业

（1）服务目标。扎实做好退役军人就业工作，实施优惠扶持政策，强化针对性就业创业服务，稳定和拓宽就业渠道，增强职业技能培训实效性，给予政策支持，提升退役军人就业能力，促进就业创业。

1）增强对人力资源市场的了解。加大对就业形势、就业政策、新行业、新领域、新职业的介绍和宣讲力度，帮助退役军人全面客观了解人力资源市场。

2）确认个人职业定位。提供职业兴趣、职业能力等方面的职业素质测评，帮助退役军人客观了解自我、了解职场，明确择业方向和职业定位。

3）提升职业技能与求职技巧。提升退役军人的就业、创业、专业技能，培养高层次专业技术人才和高技能人才。加强退役军人的简历撰写、面试技巧、职场适应等方面的指导，提升就业竞争力。

（2）服务举措。促进退役军人就业主要包括以下四个方面的服务举措。

1）加大职业培训力度。推行适应性培训，围绕新基建、新技术、新业态等，引导退役军人积极参加职业技能培训,提升技能水平。提倡实用性培训,针对退役军人的需求开展"订单式""定向式""定岗式"职业技能培训;推进职业技能培训精细化、个性化,提高就业成功率。鼓励用人单位定期组织退役军人参加岗位技能提升和知识更新培训。将失业退役军人及时纳入失业人员特别职业培训计划、职业技能培训等范围,并按规定予以补贴。

2)着力开发专项岗位。建立适合退役军人就业的岗位目录,提高退役军人服务保障以及安保等岗位招录退役军人的比例,辅警岗位同等条件下优先招录退役军人。选派退役军人参与社会治理、稳边固边、乡村振兴等重点工作,鼓励退役军人到基层组织、城乡社区担任专职工作人员。

3)提供针对性职业指导。提倡职业指导前置,开展"送指导送服务进军营"活动,加强对经济社会发展、就业形势的讲解和介绍,帮助退役军人了解国情、省情、地情,调整心态,合理选择职业。深入引导退役军人树立正确的就业观、择业观,调整就业预期。

4)加强典型宣传和引导。开展宣传推介,确保社会各界和用人单位全面了解退役军人的人才优势,真正把退役军人潜能发挥好、岗位设置好。引导退役军人到党和人民最需要的地方去,积极适应改革开放时代大潮,自觉弘扬人民军队光荣传统和优良作风,在人生的不同阶段、不同岗位上继续出色工作、活出精彩人生。

4. 农村劳动力转移就业

(1)服务目标。帮助有就业意愿的未就业农村劳动力实现就业,帮助已就业人员稳定就业。及时为农村低收入人口提供就业帮扶,使有就业意愿的都可以得到就业服务和职业技能培训,健全农村低收入人口长效服务机制,推动农村劳动力转移就业"提质增效",促进农民增收。

1)稳定和扩大农村劳动力外出就业规模。依托就业服务信息化平台,健全和完善农村劳动力就业信息采集和发布制度。开展岗前定向就业技能培训、就业指导和招聘活动,健全劳务输出对接机制,提供充足就业岗位,扩大外出就业规模,引导农村劳动力有序外出,转移就业有序推动。

2)促进农村劳动力就地就近就业。依托乡村特色优势资源、乡村产业、县域经济发展,增加适合农村劳动力的就业岗位。在农业农村基础设施建设领域,积极推广采用以工代赈方式,尽最大可能提高劳务报酬发放比例,充分发挥以工代赈促进就业的作用。

3）加快农业转移人口市民化。建立本地农业转移人口数据监测机制,动态掌握本地农业转移人口总量、流出地状况、行业流动状况、享受基本公共服务状况、公共服务诉求状况、社会保障状况等,有针对性地提供职业技能培训、求职招聘服务、就业信息共享等,提升公共就业服务均等化水平,提高农业转移人口市民化质量。

（2）服务举措。促进农村劳动力实现转移就业主要包括以下四个方面服务举措。

1）开展区域间劳务协作。推进省际、省内发达地区和脱贫地区、市内各地区间开展劳务协作对接,签订劳务协作协议,打造一批有特色、有口碑、有规模的劳务品牌,建立长效对接机制。搭建完善用工信息对接平台,设立劳务工作站,形成常态化的跨区域岗位信息共享和发布机制。建立就业需求清单、岗位供给清单、稳岗清单,做好有组织的输出工作。

2）实施新生代农民工[①]职业技能提升计划。对本地初次就业的新生代农民工提供必要的引导性培训。支持企业对新生代农民工开展岗前培训、企业新型学徒制培训、岗位技能提升培训、高技能人才培训等,提高就业稳定性。加强劳模精神、劳动精神和工匠精神培育,引导新生代农民工爱岗敬业,追求精益求精。

3）支持多渠道就业创业。依托乡村特色优势资源,鼓励发展家庭农场、农民专业合作社,增加就业岗位。设立一批劳务市场或零工市场,提供更多家门口的就业机会。鼓励农村劳动力发展"小店经济""夜市经济",支持在县域城镇地区从事个体经营,给予税费减免、场地支持等政策扶持。广泛动员农村劳动力参加以工代赈工程项目建设,增加农民收入。

4）推动农村劳动力就业参保。开展未就业参保农村劳动力就业需求摸查,了解掌握基本信息、失业原因、技能水平、就业参保意愿等,主动提供政策法规咨询、职业介绍、职业指导等基本公共就业服务,推介就业创业政策和职业培训项目。加强对已实现就业参保的农村劳动力动态跟踪管理,重点掌握农村劳动力就业动态,提高农村劳动力就业的稳定性。

5. 脱贫人口就业

（1）服务目标。聚焦脱贫人口就业需求,通过突出政策支撑、推进就业创业服务、强化职业技能培训、加大权益保障力度等系列措施,确保稳定就业,筑牢

---

① 新生代农民工是指在1980年以后出生,进城从事非农业生产6个月及以上,常住地在城市,户籍地在乡村的劳动力。

防返贫防线,增强脱贫稳定性,扎实推进脱贫劳动力就业增收致富。

1)提升就业帮扶精度。依托全国扶贫开发信息系统精准采集本地区脱贫劳动力,特别是脱贫人口、异地扶贫搬迁群众等重点人群就业信息,实施动态监测,完善主动发现预警机制,及时更新台账,结合监测分析情况,精准提供推荐就业岗位、参加技能培训、有序输出等服务。

2)加大就业扶持力度。加大对脱贫人口就业帮扶的政策扶持力度,落实好就业创业服务补助、社会保险补贴、创业担保贷款及贴息、交通费补贴、就业帮扶基地奖补等政策。制定公布就业帮扶政策清单,优化经办服务流程,便利脱贫人口及用人单位申请享受。

3)扩大就业服务覆盖面。将符合条件的脱贫人口全部纳入就业援助对象范围,实现"务工返乡有人问、外出就业有人管、培训创业有人帮",打造"出家门、上车门、进厂门"的"一站式"服务。突出抓好脱贫不稳定户、边缘易致贫户、突发严重困难户等重点群体就业,开展面对面、一对一"送政策、送岗位、送服务"帮扶活动,确保零就业家庭动态清零。

(2)服务举措。促进脱贫人口实现就业主要包括以下五个方面服务举措。

1)促进产业发展扩大就业。将乡村振兴重点帮扶县、易地扶贫搬迁安置区作为重点,积极引进适合当地群众就业需求的劳动密集型、生态友好型项目或企业,扩大当地就业机会,组织专项就业服务活动实施集中帮扶。大力发展乡村旅游、农村电商等新业态,多措并举增加就业岗位。

2)劳务输出转移就业。强化与劳务需求地岗位信息收集与工作对接,通过共享岗位招聘信息、组织召开劳务洽谈会等措施,实现劳务有序输出。建立对劳务输出家庭的服务保障机制,主动与就业地政府有关部门、企业、法律援助机构等对接,及时提供政策咨询、应急维权、心理疏导和临时救助等服务,维护转移就业人员在劳动就业及社会保障等方面的合法权益。

3)建设扶贫车间等载体吸纳就业。发挥就业帮扶车间、社区工厂、卫星工厂等就业载体作用,创造更多就地就近就业机会,提供费用减免及各项优惠政策。推动丰富载体功能,打造集工作车间、公共就业服务中心、公共活动场所等功能为一体的综合性服务机构。

4)支持创新创业带动就业。加强返乡创业载体建设,充分利用本地现有园区等资源建设一批特色鲜明、带动就业作用强的返乡入乡创业园、创业孵化基地、非遗扶贫就业工坊,引导脱贫劳动力返乡入乡创业,帮助有条件的脱贫人口自主创业。

5）职业技能培训提高就业能力。提高脱贫劳动力职业技能培训的针对性，不断增加职业技能培训职业（工种），以满足新时代、新产业发展需求，开办如挖掘机、直播带货等职业技能培训，持续提升脱贫劳动力技能水平。实施推进"雨露计划"[①]，发挥建筑、物流、电力等劳动密集型行业的作用，促进"雨露计划"毕业生实现就业。

思考题

1. 简述促进高校毕业生就业的服务措施。
2. 结合实际工作阐述如何为城镇青年提供更有针对性的就业服务。
3. 简述如何做好退役军人的就业服务工作。
4. 简述促进农村劳动力转移就业的主要服务措施。
5. 简述促进脱贫人口就业的主要服务措施。

---

① "雨露计划"作为专项扶贫工作的重要内容，引导和支持农村贫困家庭新成长劳动力接受职业教育，是培养技能型人才、促进稳定就业、实现脱贫致富的治本之举，是提高贫困人口素质，促进贫困地区经济社会发展的重要措施。——国务院扶贫办 教育部 人力资源社会保障部《关于加强雨露计划支持农村贫困家庭新成长劳动力接受职业教育的意见》（国开办发〔2015〕19号）。

培训课程 2

提供困难群体的就业援助

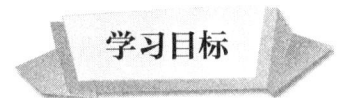

1. 理解就业援助的概念、内涵和特点。
2. 掌握就业援助对象的范围。
3. 掌握就业援助的主要内容。

一、就业援助概述

1. 就业援助的概念

就业援助是指各级公共就业服务机构积极贯彻落实国家相关就业法律法规及各项促进就业创业政策，为就业困难人员制订专门的就业帮扶计划，实施优先扶持和重点帮助，以促进其实现就业和再就业，增加家庭劳动收入，帮助他们通过勤奋劳动实现自身发展。

2. 就业援助的内涵

《中华人民共和国就业促进法》《就业服务与就业管理规定》指出，就业援助是一项从根本上解决就业困难人员家庭困难的措施，是帮助其融入社会、提升技能、创造价值，通过劳动获得经济来源、提高生活质量的渠道。2018年，人力资源社会保障部、国家发展改革委、财政部印发《关于推进全方位公共就业服务的指导意见》提出实施就业援助全程帮扶。一是对困难人员进行综合评估，划分困难等级，根据困难等级实施分级分类帮扶。二是对就业援助对象实现优先扶持和重点帮助，指定专人负责，制订个性化就业援助计划，明确服务项目和步骤，开展心理疏导，组织参加职业培训，跟踪解决就业过程中的困难和问题。三是对其中通过市场渠道难以实现就业创业的困难人员,符合条件的,优化安置公益性岗位帮助实现就业。四是确保零就业家庭动态清零。

3. 就业援助的特点

就业援助是通过财政、税收等政策扶持,在促进就业困难人员再就业的同时,降低企业人工成本,减轻企业负担,增强企业活力,进而达到促进经济发展的目的。就业援助具有以下特点。

(1) 就业援助体现国家对就业困难群体的责任。

(2) 就业援助对象是依靠自身努力,仍难实现就业,属于生活相对贫困的人员。

(3) 就业援助对象必须按照一定的程序确定。

(4) 就业援助的必要条件是个人申请。

二、就业援助的对象

就业援助对象即就业困难人员,主要包括以下八类人员。

1. 因身体原因导致就业困难的人员

因身体原因导致就业困难的人员通常是指年龄偏大,即女性满40周岁、男性满50周岁的人员(即"4050"人员),或因心理、生理等原因患有疾病或身体残疾,部分丧失劳动能力,致使就业困难的人员。

2. 因技能水平导致就业困难的人员

因技能水平导致就业困难的人员通常是指文化素质偏低、缺乏职业技能或职业技能水平不能适应岗位需要,在人力资源市场中就业竞争能力较弱的人员。

3. 因家庭因素导致就业困难的人员

因家庭因素导致就业困难的人员通常是指夫妻双方失业、单亲家庭、享受城镇最低生活保障待遇家庭的人员。由于家庭成员或本人丧失劳动能力导致家庭负担过重等原因,致使就业困难的人员。

4. 因失去土地导致就业困难的人员

因失去土地导致就业困难的人员通常是指因城市规划、布局调整需要,土地被全部或部分征用,导致暂时失去经济收入的被征地人员。

5. 连续失业一定时间仍未能就业的人员

连续失业一定时间仍未能就业的人员通常是指登记失业一年及以上,仍未实现再就业的人员。在法定劳动年龄内的家庭成员均处于失业状态的城市居民家庭,则是零就业家庭。

6. 由于就业观念导致的就业困难人员

由于就业观念导致的就业困难人员通常是指就业观念落后，对新就业形态、零工等灵活就业形式认同度较低，对工资收入、工作形式、工作环境、工作地点等期望值过高，导致暂时找不到合适岗位的人员。

7. 由于政策调整导致的就业困难人员

由于政策调整导致的就业困难人员通常是指国家在某一特殊时期，针对某类特殊群体的特殊措施和倾斜性政策，一部分人员成为特定的就业援助对象。如退役军人、随军家属、离校未就业毕业生、退捕渔民等。

8. 各地根据本地实际确定的就业困难人员

根据《中华人民共和国就业促进法》，各省、自治区、直辖市人民政府可根据本地区实际情况确定各类就业困难人员。如北京市将本市绿化隔离、矿山关闭、资源枯竭或者受保护性限制等地区的农村劳动力，进行转移就业登记后，纳入本市就业困难人员范围；上海市将刑满释放人员、戒毒康复人员纳入本市就业困难人员范围。

三、就业援助的主要内容

就业援助的总体要求是：健全就业援助制度，完善就业援助政策措施，将符合条件的就业困难人员全部纳入就业援助范围，多渠道开发就业岗位，鼓励企业吸纳困难人员就业。就业援助的主要内容包括：政策援助、岗位援助、推荐培训、职业指导、职业介绍、创业服务及其他就业援助服务。

1. 政策援助

为帮助就业困难人员实现就业再就业，党和政府出台了一系列就业创业扶持政策。主要包括：社保补贴、岗位补贴、职业培训和技能鉴定补贴、稳岗补贴、求职创业补贴、创业培（实）训补贴、创业培训师资补贴、一次性创业补贴、创业场地租金补贴、创业带动就业补贴、创业担保贷款、在岗转岗补贴等。落实各项就业创业援助政策，是实施就业援助的重要内容。

2. 岗位援助

为就业困难人员提供岗位援助，是促进其实现就业再就业的有效手段之一，主要途径有三种。一是政府投资开发的公益性服务、公益性管理和公益性事业岗位，应优先安排符合岗位要求的就业困难人员。二是鼓励和引导用人单位开发爱心岗位，增加就业岗位，吸纳就业困难人员就业。三是鼓励有创业能力的就业困难人员，自主创业、自谋职业。各级公共就业服务机构应主动采集适应就业困难人员的岗位信息，积极向就业困难人员推荐。

3. 推荐培训

结合就业困难人员特点、培训意愿、求职意向及人力资源市场对岗位的技能需求等，有针对性地为其推介培训项目，提供职业培训政策咨询，鼓励和引导就业困难人员参加职业技能培训、创业培训，帮助提升技能水平和就业创业能力。对获得职业资格证书（技能等级证书）或专业职业能力证书等人员，指导其按规定申领培训补贴和技能鉴定补贴。

4. 职业指导

针对就业困难人员存在的职业意识缺乏、职业信息匮乏、自我认识不足等问题，结合就业困难人员的年龄、技能水平、求职意愿等情况，提供分级分类的指导、咨询，树立正确的就业观念，增强就业信心，提升就业能力。可通过职业素质测评软件，帮助其客观了解自身优势和劣势，明确更加理性的求职方向。

5. 职业介绍

为有求职意愿的就业困难人员，主动提供求职登记服务，介绍求职招聘渠道，及时推送招聘活动信息、招聘岗位信息等，并根据就业困难人员的实际情况，为其推荐与自身条件相匹配的岗位；注重与用人单位的及时沟通，积极向用人单位推荐符合其招聘需求的就业困难人员。对于符合招用就业困难人员且符合政策的用人单位，指导其申领社保补贴、岗位补贴等。

6. 创业服务

向有创业意愿和创业能力的就业困难人员，积极宣传各类创业扶持政策，提供创业政策咨询和服务。对有创业需求的就业困难人员，推荐参加创业培训，介绍创业项目，提供创业指导；对成功创业的就业困难人员，指导其申领开业补贴、租金补贴、税费减免、创业担保贷款和贴息等。

7. 其他就业援助服务

根据本地实际，为就业困难人员提供多种形式的就业援助服务，做好动态跟踪回访。

思考题

1. 就业援助对象包括哪些类型?
2. 简述在实际工作中应为就业援助对象提供哪几方面的服务。
3. 简述在基层工作中如何为就业困难人员提供更加精准的就业援助服务。

培训课程 3

职业介绍与职业指导

学习目标

1. 掌握职业介绍的概念、内容及基本要求。
2. 掌握职业指导的概念、主要内容及常用方法。
3. 了解职业指导的目标和基本原则。

一、职业介绍

1. 职业介绍的概念

职业介绍是指通过为人力资源供求双方提供求职登记、匹配推荐、职业咨询等中介服务以促进就业的活动。

2. 职业介绍的内容

（1）信息服务。信息服务包括求职、招聘的信息收集、信息核查和信息发布。

（2）咨询服务。为求职者求职和用人单位招聘提供就业政策法规、职业培训信息、职业咨询服务等。

（3）指导服务。帮助求职者了解人力资源市场状况，掌握求职方法，指导用人单位合法合规进行招聘活动。

（4）介绍服务。介绍服务包括介绍就业和招聘用人、组织招聘洽谈会，引导劳动者合理就业等。

（5）援助服务。援助服务包括为就业困难人员或其他特殊就业群体提供专门的就业帮扶和推荐服务。

（6）管理服务。管理服务包括就业失业登记，协助处理和解决职业介绍服务中的争议问题，协助组织和管理劳动者流动就业等。

3. 开展职业介绍的基本要求

（1）提供招聘求职途径和方法。指导用人单位和求职者准确填写登记表，告知招聘求职途径、基本方法。提供本地区职业供求现状、招聘活动信息及相关劳动就业政策的咨询服务。

（2）建立招聘求职信息档案。将招聘求职登记信息录入人力资源市场信息库，根据求职者求职意愿和用人单位招聘需求，提供匹配推荐服务。

（3）建立跟踪指导档案。对用人单位和求职者进行全程跟踪服务，定期对匹配推荐服务、职业指导、参加职业技能培训等情况进行回访，及时将跟踪回访情况录入人力资源市场信息库，形成跟踪指导档案。对长期未实现就业或未招聘上岗的情况，及时主动地与求职者和用人单位取得联系，持续提供服务。

（4）有高度的服务意识。熟练掌握各项劳动就业政策和人力资源市场职业供求信息；熟悉用人单位的基本用人条件和需求；能应用职业介绍的相关知识、方法，为求职者和用人单位提供就业服务。

（5）及时更新服务信息。与求职者和用人单位保持密切联系，及时了解用人单位的招聘情况、空岗情况，掌握求职者的就业状况、求职需求，及时对人力资源市场信息库相关内容进行调整、更新，确保对外发布信息的及时有效。

二、职业指导

1. 职业指导的概念和功能

职业指导是为劳动者实现就业、稳定就业和获得职业发展，为用人单位合理招用人员提供咨询、指导和帮助的活动。

职业指导在求职者求职择业的不同阶段发挥着不同的功能。具体来说，在就业准备阶段具有导向功能，在职业选择阶段具有定向功能，在求职阶段具有信息提供、能力训练的功能，在职业生涯发展阶段具有促进发展的功能。

2. 职业指导的目标

（1）帮助就业。针对求职者存在的职业意识缺乏、职业信息匮乏、自我认知不足等各种有碍于个人求职就业的问题，通过提供职业指导，帮助求职者有效解决问题，提升就业能力。

（2）帮助就业稳定。针对求职者就业上岗后不能适应岗位要求、难以融入职场，导致的就业不稳定的问题，通过提供职业指导，帮助其提高职场适应力。强调职业指导的跟踪服务和全程服务。

（3）帮助实现职业生涯的发展。帮助个人实现职业生涯发展，是职业指导的最终目标。

3. 职业指导的基本原则

（1）科学性原则。以科学认真的态度，准确掌握职业指导知识，做好充分工作准备，运用职业指导方法和技巧，实事求是地进行指导，不可误导求职者。

（2）政策性原则。在职业指导过程中，要严格把握各项政策的内涵和外延，正确解读政策文件内容，不可随意解释或引申，更不能望文生义、不懂装懂。

（3）主体性原则。求职者是职业指导过程的主体，应自觉维护和尊重求职者的主体地位。对求职者提供职业指导服务，就是通过帮助、启发、引导求职者从而达到增强自身就业能力的目的。

（4）疏导性原则。通过与来访者共情，耐心地说明、疏导，帮助求职者正确认识就业心理、就业观念等方面存在的障碍或误区。切忌高高在上、以教育者自居，伤害求职者的自尊心。

（5）实效性原则。职业指导要以对求职者提供有效的就业帮助为目标，讲究实效性。

4. 职业指导的主要内容

（1）介绍政策法规和市场供求状况。向劳动者和用人单位提供人力资源社会保障法律法规、就业政策、就业形势、人力资源市场状况咨询。

（2）帮助选择求职方法，正确择业。帮助劳动者了解职业，知晓求职渠道，掌握求职方法，确定择业方向，提升就业和择业能力。

（3）指导参加职业技能培训。根据劳动者的情况向其提出培训建议，为其提供职业技能培训的相关信息。

（4）对求职者进行职业能力测评。运用职业素质测评技术对求职者的职业兴趣、职业能力等进行客观评价。

（5）对特殊群体进行专门指导。针对妇女、残疾人、退役军人等就业群体，提供专门的职业指导服务。

（6）对大中专学生进行指导。为大中专学校、职业院校、技工学校学生，提供职业指导咨询和服务。

（7）对有创业意愿的劳动者进行创业指导。对有创业意愿的劳动者，提供创业政策、创业服务等方面的咨询和指导。

（8）对用人单位进行招聘指导。为用人单位在招聘用人时，提供选择招聘方法、确定用人条件和标准等方面的指导。

（9）对职业培训机构进行指导。为职业培训机构确立培训方向和专业设置等方面提供咨询参考。

5. 职业指导常用方法

（1）个人面谈法。与求职者进行一对一谈话，了解求职者基本情况、求职意愿、职业素质和心理状况，面对面为求职者提供求职、择业的建议和具体帮助。

（2）集体座谈法。将具有相同情况的求职者组织在一起，就大家共同关心的职业问题进行座谈，注重参与者的相互启发和帮助，并结合座谈情况，指导每位求职者制订切实可行的求职就业计划。

（3）授课法。通过系统的教学计划、教学大纲和丰富完善的教材，开展职业指导。此方法在学校的职业指导课上运用更加广泛。

（4）报告会法。根据不同的咨询目标和课题举行专题报告会，报告会的内容可以涵盖就业形势与就业政策、求职技巧、职业选择、职业生涯规划、创业指导等各方面。

（5）通信联系法。通过电话、邮箱、微信群或其他通信手段对求职者进行指导和帮助。

（6）影视观摩法。通过组织求职者观看各种类型的视频，帮助求职者了解职业选择、职场适应等方面的知识和案例。

（7）跟踪服务法。对已招聘结束的用人单位和已就业上岗的求职者，定期进行跟踪回访，持续跟进用人单位招聘用人和求职者就业情况，保持经常性联系，及时帮助解决出现的问题，提升就业稳定性。

思考题

1. 简述职业介绍服务的内容和基本要求。
2. 简述职业指导服务的基本原则和主要内容。
3. 开展职业指导有哪些常用方法？举例说明职业指导对促进就业的作用。

培训课程 4

创业服务与职业技能培训

学习目标

1. 掌握创业服务的概念和主要内容。
2. 了解创业服务的相关知识。
3. 掌握职业技能培训的概念和种类。
4. 了解职业技能培训的基本特征和作用。

一、创业服务

1. 创业服务的概念

创业服务是为创业者提供创业指导、创业咨询和创业帮助的服务活动,既包括对创业者提供政策、平台、渠道以及资金等各方面的支持,也包括对创业者遇到的问题进行分析研究,提出针对性解决方案。创业服务是一种综合性管理和咨询服务,是创业者在创业过程中寻求外部支持,减少创业风险,取得成功的重要因素。

2. 创业服务的主要内容

创业服务的主要包括创业咨询、项目推荐、开业指导及协助申领创业补贴等内容。

(1)创业咨询。创业咨询是指为创业者提供全面、系统的创业解决方案的活动,一般包括以下三个方面。

1)开展针对性个体咨询。针对性个体咨询是指对有创业意愿的劳动者提供一对一政策咨询服务，宣传解读创业担保贷款、创业补贴、项目遴选、税费减免等创业扶持政策，为创业者提供直接、具体、专业的政策咨询指导服务，调动创业者积极性。

2）组织创业咨询活动。组织创业咨询活动是指联合政府相关部门、市场中介组织共同开展各类创业咨询活动。联合本地市场监督管理局、税务局、人力资源社会保障局、税务局、环保局等政府相关部门为创业者在创业实践中所涉及的政策、法规提供咨询服务；联合各类就业、人才中介，会计师事务所，律师事务所，各类代理中介等组织，为创业者提供咨询服务。

3）邀请专业人士咨询。邀请专业人士咨询是指邀请专家、业内成功人士、有关部门负责人等组成专家咨询团，帮助创业者形成创业项目构想，对其未来企业的产品、市场发展前景和商业模式等作出明确的定位和发展规划；同时向创业者提供创业方法和经营管理等方面的咨询服务。

（2）项目推荐。通过多种途径广泛征集各种创业项目，选择投资少、适应性强、有发展前景的自主创业、自谋职业的创业项目，通过设立展示厅及不定期举办项目推介会的方式，向有创业意愿的劳动者推介，供其选择。创业者选择项目的原则为选择能力所及的项目，客观分析自己的创业能力和融资能力，寻找自己和项目的结合点。

（3）开业指导。开业指导是指为创业者提供包括选定经营场所，筹措投资资金，场地装潢装饰，招聘员工，申请和注册，办理工商、税务登记，办理银行开户手续等方面的指导，明确告知创业者办理方式、办理渠道、办理流程和手续等。

（4）协助申领创业补贴。审核申请人是否符合申领条件，并协助符合条件的创业者申领创业担保贷款、一次性创业补贴、创业场地租金补贴等。

（5）组织成果展示。通过介绍创业典型事迹、开展创业沙龙、创客交流、组织创业成果展示宣传活动等多种形式，帮助创业者积累经验，激发创业者创业热情，增强创业成功信心，促进创业政策精准落实，推动创业良好局面，有效实现创业带动就业。

（6）服务跟踪回访。在创业咨询服务结束后，通过有效的回访，听取创业者创业过程中的困惑，发现创业执行中存在的新问题，并提供更有针对性的后续创业咨询，从而提高创业者对服务的满意度。

（7）信息记载。建立创业人员信息台账，记录创业者的基本情况、政策落实情况和创业服务情况，并将相关信息及时、准确地录入信息系统。

3. 创业相关知识

（1）自主创业。自主创业是指劳动者依靠自己的资本、资源、信息、技术、经验以及其他因素开展创业活动，解决就业问题。自主创业主要包括以下四个方面的含义。

1）自主创业就是创造新的事业。创业者通过政府政策扶持和社会帮助，依靠自己的力量开展创业活动，创造一项新事业，为解决就业、促进社会经济发展贡献智力和财力。

2）自主创业是一个具体的过程。创业者在创业过程中要付出较大的努力，完成整个创业过程需要一定的时间和周期。创业者应从自己较为熟悉、有较多资源或较为容易操作的行业起步，逐步积累经验、积累资本，不可一蹴而就。

3）自主创业具有一定的风险。创业者要对创业过程中的风险有足够的心理准备。自主创业的风险主要有选择方向的风险、财务风险、经营管理风险、创业失败后精神及家庭方面的风险，其中最大的风险来自选择创业方向。

4）创业者通过获得利润实现就业。创业者通过自主创业，在经营活动中获得利润，获取实际报酬满足物质和精神生活需要。创业者通过自主创业，在实现本人就业的同时还可带动增加就业岗位。

（2）创业的基本程序。创业的基本程序大致可分为选定创业项目、拟订创业计划、筹集创业资金、办理创业的有关手续、创业计划的实施与管理五个步骤。

1）选定创业项目。充分了解创业者的兴趣、特长和实力，考虑创业者对拟创业行业的熟悉程度、本人能够承受风险的程度，注重对国家政策、法律法规进行客观分析，帮助创业者选择一个适合的创业项目，是创业成功的前提和基础。

2）拟订创业计划。拟订科学、周密的创业计划，在创业前进行详细的比较分析，对创业过程有全盘的规划了解，能够确保创业者少走弯路、减少损失、降低创业风险、提高创业成功率。

3）筹集创业资金。对于创业者来说，筹集必要的创业资金是创业过程中一个极其重要的环节，可能面临的资金缺乏问题，是每一名创业者必须正视和解决的重要问题。

4）办理创业的有关手续。创业者从事生产经营活动，必须按照有关法律法规要求办理手续方能经营，包括办理工商登记、税务登记、银行开户等。

5）创业计划的实施与管理。在完成了创业的一系列准备工作后，创业者可以按照拟订的创业计划组织调配人、财、物等资源，实施创业计划并加强管理，进入创业企业经营管理及成长阶段。此阶段，创业者不仅要有吃苦耐劳、不屈不挠的精神，而且要讲究工作方法，正确运用生产经营管理策略，才有可能实现创业目标。

（3）创业类型

1）按创业动机分类，可分为生存型创业、机会型创业、生存与机会型创业。生存型创业的目的在于谋生，由于缺乏较大的创业冲动，较少能做大做强。机会型创业的出发点是抓住、利用市场机遇，创造更多更大的机会，能够创造新的需求或满足潜在的需求。生存与机会型创业是两者的结合，以生存为目的，以机会求发展。

2）按创业主体分类，可分为登记失业人员创业、高校毕业生创业、返乡农民工创业、残疾人创业、退休人员创业、在职人员兼职创业。

3）按创业项目性质分类，可分为传统技能型创业、高新技术型创业、知识服务型创业、体力服务型创业。其中传统技能型创业项目即使用传统技术、工艺、独特的技艺或配方的项目，尤其在餐饮业、酿酒业、中药业、工艺美术业等与人们日常生活紧密相关的行业更具有独特的市场优势。高新技术型创业项目即常说的知识经济项目、高科技项目，知识密集度高，带有前沿性和研发性质。知识服务型创业项目是一种投资相对较少、见效较快的创业选择。体力服务型创业项目在自主创业中最简单、风险最小，如家政服务、养老护理、医疗照料、快递搬运、养护清理等。

4）按创业风险分类，可分为依附型创业、尾随型创业、独创型创业、对抗型创业。

依附型创业项目是依附于大型企业、产业，提供配套服务或通过加盟特许经营权的使用，利用成熟的品牌效应和经营管理模式减少经营风险。

尾随型创业项目，即模仿他人的生产经营创业，自主创业者的新创企业尾随行业内同类企业，学着做、照着做。

独创型创业项目，可以表现为开创一种从未有过的服务，也可以是旧内容新形式，具有一定的风险性，如首先推出闪送服务、管家式保洁服务等。

对抗型创业项目是指进入已由其他企业形成垄断地位的市场、行业，与之对抗较量。

5）按创业周期分类，可分为初始创业、二次创业、连续创业。

初始创业是一个从无到有的创业过程，对创业者而言，初始创业需要边学边干，是一个学习过程。

成熟期的再创业企业就是二次创业，保持企业在成长期和成熟期的良好状态，使企业不进入衰退期或减少进入衰退期的时间，彰显企业的长久竞争优势。

通过把企业生命由原来所系的产品、技术、服务，一次次嫁接到另一种产品、技术、服务上，由此产生二次创业、三次创业，从而使企业具有较强实力和较大规模，抗风险能力也随之增强，即连续创业。

6）按企业建立的渠道分类，可分为独立创业、母体分离创业、企业内创业。

独立创业是指创业者个人或团队依靠自身条件或能力进行创业的形式。

母体分离创业是指组织内部的管理者、技术人员或职员，离开原有组织，并利用原有组织中的资源成立新的企业从事营利活动的创业形式。

企业内创业是指企业进入成熟期后，为了获得持续增长和长久的竞争优势，或是为了倡导创新研发成果的商品化，通过授权和资源保护等支持进行创业的形式。

4. 创业服务平台

创业服务平台是指为推进创业活动建立的包括组织、服务和制度构成的系统，将创业者、创业项目（机会）和各种资源有效结合在一起，为创业者提供自己难以获得的服务，帮助创业者降低创业成本，提高创业成功率和成活率。创业服务平台主要包含创业园区（创业孵化基地）、创业网站、创业服务窗口。

（1）创业园区（创业孵化基地）。创业园区（创业孵化基地）是指政府为创业者搭建的制度性、智能化的服务平台，经人力资源社会保障部门、财政部门认定，能为入驻的初创小微企业和个体创业者提供基本的生产经营场地、有效的创业指导服务及一定期间的政策扶持，是一个具有持续滚动孵化和培育创业主体功能的各类创业载体。进入创业园区（创业孵化基地）的创业者，可以得到有利于企业发展的较低成本或无成本的各种服务，降低创业风险。

1）服务人群。有创业需求的高校毕业生、长期失业青年、返乡农民工等各类人员自主均可申请进入创业园区（创业孵化基地）孵化企业。

2）优惠政策。创业园区（创业孵化基地）从场地保障、创业指导、市场推广、事务代理和政策落实等方面为创业者提供支持。创业园区（创业孵化基地）为创业者提供低成本的生产经营场地、基本办公条件和后勤保障服务，实施场租减免；提供创业培训、经营管理指导、创业项目推介和创业信息咨询等专业化服务；提供战略设计、市场策划、市场营销、项目推广等服务，开展孵化基地及孵化对象宣传，提高基地及创业主体的市场知名度；协助办理企业登记注册及变更手续，提供财务代账、融资担保、专利申请及法律维权等服务；提供较完善的创业政策咨询，积极协调相关部门落实各项税费减免、资金补贴、创业担保贷款等扶持政策。

3）运作方式。按照投入主体不同，创业园区（创业孵化基地）运作方式可分为政府主导型、社会投资型和多元合作型。其中，政府主导型是由政府提供无偿的财政支持；社会投资型实行企业化运作，场地、设施设备费用主要由社会（非企业组织、企业）负责，日常运营管理费用通过自筹、收取管理服务费等方式解决，政府主要在相关扶持政策方面给予支持；多元合作型实行企业化运作，场地、设施设备、运营管理费用可通过财政投入、企业融资、社会或个人捐赠等多元化投资解决，日常运营管理费用可实行政府补贴、企业资助和适当收取管理服务费用等多渠道相结合的方式解决。

（2）创业网站。作为网络创业基地，创业网站是青年创业者的摇篮，可以为创业者提供创业信息和创业机会。目前，创业网站的基本组成模块和提供的服务主要包括以下四种。

1）资讯服务。创业类信息是创业网站最核心的板块。为此，网站应成为全方位的资讯平台，为创业者提供切实可行的帮助。资讯可按行业分类，确保不同需求的创业者可以精准找到自己所需的行业信息；也可按内容分类，包括创业项目、创业故事、创业经验、评论和政策等内容，便于创业者查找。

2）投融资服务。除了在网站上检索资讯类信息，创业网站还可以提供融资的渠道，帮助创业者获得投资者投资。创业网站具有创业上下游的资源，具备整合资源的能力，可以通过网站将创业者和投资者建立联系。创业者可以将自己的创业项目在平台上展示，吸引投资者。

3）创业指导服务。创业网站一般都有专家指导板块。专家对创业资讯进行解读，分析行业发展趋势；对创业项目进行分析，为创业者提供指导性的创业建议；对创业政策进行收集汇总，使创业者及时获悉政府的相关政策，为创业者更好地进行创业活动保驾护航。

4）社区论坛服务。社区论坛是为广大创业者提供的交流共享平台，包括创业求助区、创业信息发布区、创业交流区、就业交流区、兼职交流区、创业分享区等，为创业者提供经验共享、信息共享、项目咨询和媒体信息等服务。高质量的社区论坛可以实现平台用户频繁互动，分享自己的创业经历，寻找理想的创业伙伴,发现商机。

(3)创业服务窗口。在创业服务窗口配备专业人员,重点为创业者提供政策咨询、创业培训、创业指导、创业项目、创业担保贷款办理等服务。创业服务窗口提供的服务项目主要包括以下五种。

1)帮助介绍创业政策。通过前台、电话等方式,向创业者介绍服务内容、解释基本就业创业政策,提供市场准入、税费减免、创业服务、创业担保贷款等创业优惠扶持政策的咨询和指导服务。

2)帮助提供创业培训。对有创业需求、具有一定创业能力和处于初创阶段的创业者提供创业培训,包括发布创业培训信息、介绍创业培训流程、受理培训申请、组织创业培训和模拟实训。

3)帮助进行创业指导。为已接受创业培训的创业者提供创业孵化服务、开业指导、专家诊断、跟踪回访等服务;组织专家提供创业指导服务;协助创业者协会举办创业论坛、创业联谊活动;推荐宣传创业明星、创业典型,开展创业成果展示等。

4)帮助征集和开发创业项目。多渠道征集和开发创业项目,组织专家进行项目评估,建立管理项目库;为服务对象提供创业项目信息、项目介绍、组织项目展示、项目推介、项目洽谈对接等活动。

5)帮助提供创业担保贷款。为符合条件的初创者提供贷款支持,解决开办经费和流动资金不足问题,帮助实现创业;受理贷款人员申请,审核资格条件,提供担保服务;承办本地创业担保贷款、小微企业贷款业务。

二、职业技能培训

1. 职业技能培训的概念

职业技能培训是指为了促进劳动者提升职业技能,增强就业创业能力,依法对劳动者进行职业知识与实际操作技能培养与训练的活动。《中华人民共和国劳动法》规定,劳动者享有接受职业技能培训的权利。《中华人民共和国就业促进法》规定:"国家依法发展职业教育,鼓励开展职业培训,促进劳动者提高职业技能,增强就业能力和创业能力。"从法律上明确了职业培训的地位。

(1)职业技能培训的内容。职业技能培训以特定的知识和操作要领为主要内容,通常按相应的职业标准和岗位技能要求开展,包括职业资格培训、企业岗位培训和其他适应性培训等。

（2）职业技能培训的目标。职业技能培训的目标是增强劳动者素质，提高其就业能力和适应职业转换的能力，促进经济与社会发展。通过培养提升劳动者与职业相关的操作技能、心智技能、复合技能，从而把人培养训练成为具有一定知识和技术技能素质的合格劳动者；把已经具备一定职业经历的劳动者训练成为更适应职业岗位需要的人，以适应转换职业，满足继续就业和创业的需要。

2. 职业技能培训的基本特征

（1）针对性和实用性。职业技能培训的目标、专业设置、教学内容等均以社会需求为导向，按照人力资源市场需求、用人单位实际需要和职业标准确定。经过职业培训的毕（结）业生可直接上岗就业。

（2）灵活性和多样性。职业技能培训在教学、培训形式上有较强的灵活性，不受某种固定模式限制，可根据职业标准要求，采取联合办学、委托培训、定向培训等多种形式；在期限上可长可短，学制弹性，可以脱产也可以半脱产；在培养对象上依据岗位实际需要灵活确定，不受学籍、年龄、文化程度的限制，入学方式开放。

（3）技术性和技能性。职业技能培训强调培训教学与生产需求相结合，培训教学要紧紧围绕生产实际、企业实际需求进行；强调理论知识教学与实际操作训练相结合，突出技能操作训练，强化培训者运用培训技术和技术分析的能力，提高劳动者就业能力。

3. 职业技能培训的作用

（1）提高劳动者素质。通过职业技能培训提高劳动者素质，是促进人力资源开发利用的重要措施，也是把我国转化为人力资源强国，推动人口高质量发展的重要途径。

（2）促进就业。无论是新成长劳动力初次就业，还是失业人员再就业，都可以通过取得职业技能提高就业能力，增强自身竞争力，缩短失业期，尽快找到工作。在职职工可以通过获得更高技术等级或多项职业技能，提高适应岗位转换能力，激发创新能力，增强就业稳定性。

（3）提升我国企业在国际市场的竞争能力。通过职业技能培训，培养和造就一支应用型技术工人队伍，增加符合社会需要的劳动力供给，缩短重点就业群体的就业创业能力与用人单位需求之间存在的差距，有效缓解结构性就业矛盾，从而大大提高劳动生产率和我国企业在国际市场的竞争力。

（4）预防失业。通过职业技能培训，解决劳动者职业技能低、职业技术存在局限性等问题，提升就业能力和转换工作岗位的能力，促进劳动者适应市场和产业结构的变化，满足岗位需求，达到预防失业的目的。

（5）实现经济增长方式的转变。我国经济已转向高质量发展阶段，更加重视人口素质与经济的良性互动，通过职业技能培训，高效开发利用人力资源，为经济发展方式转变、产业结构升级、全要素生产率提高提供人才支撑，为中国式现代化提供坚实基础和持久动力。

4. 职业技能培训的种类

职业技能培训的种类包括就业前技能培训、在职培训、劳动预备制培训和创业培训。

（1）就业前技能培训。就业前技能培训是指为帮助失业人员或其他劳动者提高就业能力而进行必备的职业知识、职业技能的培养和训练活动。通过各级各类职业院校、就业训练中心和民办职业培训机构，按照职业分类、职业标准及培养目标的要求，结合生产岗位的实际需求，进行必要的职业道德、专业理论和职业技能方面的培训。培训内容侧重上岗所必需的职业技能和职业知识，帮助求职者掌握一定的职业技能，为他们竞争就业或上岗创造条件。

（2）在职培训。在职培训是指企业按照工作需要对在职职工进行思想政治、职业道德、管理知识、技术业务和操作技能方面的教育和训练活动。培训对象包括企业管理人员、工程技术人员、一线生产操作人员及班组长等。培训内容侧重提高技能。根据培训内容和要求的不同，在职培训可分为职业资格培训、岗位培训、岗位练兵、转岗转业培训、学徒培训等。

（3）劳动预备制培训。劳动预备制培训是国家为提高青年劳动者素质，培养劳动后备军，针对未能继续升学的应届初高中毕业生等新成长劳动力，在就业前接受1~2个学期的职业培训和职业教育，使其取得相应的职业资格或职业技能等级，掌握一定的职业技能后，在国家政策的指导下，通过人力资源市场实现就业的制度。

（4）创业培训。创业培训是对具有创业意愿，且具备相应条件的人员提供创业、开业所必备的基础知识和必备能力的培训。创业培训面向所有具有创业意愿的城乡劳动者，包括需要提高经营能力的企业主。培训内容侧重创业知识、创业能力。

5. 组织失业人员培训

（1）组织培训的原则。通过组织失业人员参加职业技能培训，提高职业技能水平，帮助他们尽快实现就业和再就业。失业人员的职业技能培训必须体现较强的针对性、实用性和有效性原则。

1）针对性原则。针对失业人员的特点进行培训，因人设置培训专业和内容。对年龄较大、文化水平不高的失业人员，重点指导其参加培训期短、对职业技能要求不高、就业率较高的一般性社会服务业或劳动密集型岗位培训；对青年失业人员则鼓励其参加产业升级或社会新兴职业的培训。

2）实用性原则。采用简单实用的方式选择培训内容和形式，确保培训既能符合失业人员的意愿，又能满足社会需求。

3）有效性原则。有效性以满足市场需求和有较高的就业率为衡量标准，即以培训后的失业人员是否能适应市场需求、就业率的高低来衡量培训效果。

（2）落实培训补贴政策。培训补贴政策是指对参加职业技能培训的登记失业人员，根据其参加培训情况给予一定费用的补贴。失业人员可通过提交失业补贴申请材料，向所在地人力资源社会保障部门申请补贴。职业培训补贴具体办法和标准由各省级财政部门、人力资源社会保障部门确定。

（3）推荐培训项目的注意事项。

1）了解以下失业人员和培训机构的基本情况是为失业人员提供培训项目选择的前提。了解失业人员的基本情况，即通过调查、面谈等方式，全面了解其性格特征、个人爱好、职业技能学习的兴趣及能力；了解培训机构的基本情况，即全面掌握培训机构的地址、联系电话、培训课程设置、培训师资、设施设备条件、培训效果、特色专业等。

2）换位思考，站在失业人员的角度，结合失业人员本人实际和人力资源市场供需情况，准确把握失业人员适应职业转换的能力及个人职业能力与目标职业的差距，帮助找到其个人需求和用人单位需求的契合点，提出更加合理、适合的建议。

3）为失业人员提供建议，应充分尊重失业人员的个人选择，不可强行推荐自己的主张。特别是对于失业人员提出的与本人实际情况差距较大的选择，不可嘲讽、挖苦和打击，要耐心分析和说服，对于仍坚持自己选择的失业人员，应向其说明利弊及可能的结果。

思考题

1. 结合实际工作说明创业服务的主要内容。
2. 阐述创业孵化基地、创业网站和创业服务窗口等不同创业平台提供的创业服务内容。
3. 简述自主创业的类型。
4. 结合实际工作说明开展职业技能培训的意义。
5. 简述在为失业人员提供职业培训服务时的注意事项。

培训课程 5

劳动就业方面主要政策要点和对基层工作的要求

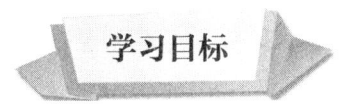

学习目标

1. 掌握劳动就业方面的主要政策要点。
2. 了解基层开展政策咨询服务的工作要求。

一、劳动就业方面主要政策要点

1. 就业扶持政策

为推动实施就业优先战略，落实各项就业创业扶持政策，规范就业补助资金管理，提高资金使用效益，2023年12月20日，财政部、人力资源社会保障部对《就业补助资金管理办法》进行了修订、印发。新《就业补助资金管理办法》明确规定，对个人和单位的补贴资金用于职业培训补贴、职业技能评价补贴、就业见习补贴、一次性求职补贴、一次性创业补贴、社会保险补贴、公益性岗位补贴及其他支出；公共就业服务能力建设补助资金用于就业创业服务补助和高技能人才培养补助及其他支出。

（1）职业培训补贴。享受职业培训补贴的人员范围包括：防止返贫监测对象、毕业年度高校毕业生（含技工院校高级工班、预备技师班、技师班和特殊教育院校职业教育类毕业生）、城乡未继续升学的应届初高中毕业生、农村转移就业劳动者、城镇登记失业人员、就业困难人员等（简称六类人员），以及符合条件的企业职工。

1）对参加就业技能培训和创业培训的六类人员，培训后取得符合规定证书

（包括职业资格证书、职业技能等级证书、专项职业能力证书、培训合格证书）的，给予一定标准的职业培训补贴。对为城乡未继续升学的应届初高中毕业生垫付劳动预备制培训费的培训机构，给予一定标准的职业培训补贴。其中农村学员和城市低保家庭学员参加劳动预备制培训的，同时给予一定标准的生活费补贴。

2）对企业新录用的六类人员，与企业签订1年以上期限劳动合同、并于签订劳动合同之日起1年内参加由企业依托所属培训机构或政府认定的培训机构开展岗位技能培训的，培训后取得证书的，给予职工个人或企业一定标准的职业培训补贴。对按国家有关规定参加企业新型学徒制培训、技师培训的企业在职职工，培训后取得证书的，给予职工个人或企业一定标准的职业培训补贴。

3）各地人力资源社会保障、财政部门可按规定通过项目制方式，向培训机构整建制购买就业技能培训或创业培训，按规定对国家重大改革中的失业人员开展职业技能培训，对承担项目制培训任务的培训机构，给予一定标准的职业培训补贴。

职业培训补贴实行"先垫后补"和"信用支付"等办法，每人累计最多享受3次。有条件的地区可探索为培训对象建立职业培训个人信用账户，鼓励培训对象自主选择培训机构和课程，并通过信用账户支付培训费用。

（2）职业技能评价补贴。对通过初次职业技能评价并取得符合规定证书（包括职业资格证书、职业技能等级证书、专项职业能力证书，不含培训合格证）的六类人员，给予职业技能评价补贴。对纳入重点产业职业资格评价和职业技能等级认定目录的职业工种，可适当提高补贴标准。每人累计最多享受3次，同一职业（工种）不得重复享受。

（3）就业见习补贴。享受就业见习补贴的人员范围为离校2年内未就业高校毕业生和16~24岁登记失业青年。对吸纳就业见习的单位，给予一定标准的就业见习补贴，用于见习单位支付见习人员见习期间基本生活费、为见习人员办理人身意外伤害保险，以及对见习人员的指导管理费用。对见习人员见习期满留用率达到50%以上的单位，可适当提高见习补贴标准。

（4）一次性求职补贴。对在毕业学年积极求职创业的低保家庭、零就业家庭、防止返贫监测对象家庭和特困人员中的高校毕业生，残疾及获得国家助学贷款的高校毕业生，给予一次性求职补贴。

（5）社会保险补贴。享受社会保险补贴的范围包括符合《中华人民共和国就业促进法》规定的就业困难人员和高校毕业生。

1）就业困难人员社会保险补贴。对招用就业困难人员并缴纳社会保险费的单位，以及通过公益性岗位安置就业困难人员并缴纳社会保险费的单位，按其为就业困难人员实际缴纳的基本养老保险费、基本医疗保险费和失业保险费给予补贴，不包括就业困难人员个人应缴纳的部分。对就业困难人员灵活就业后缴纳的社会保险费，给予一定数额的社会保险补贴，补贴标准原则上不超过其实际缴费的 2/3。就业困难人员社会保险补贴期限，除对距法定退休年龄不足 5 年的就业困难人员可延长至退休外，其余人员最长不超过 3 年（以初次核定其享受社会保险补贴时年龄为准）。

2）高校毕业生社会保险补贴。对招用毕业年度高校毕业生和离校 2 年内未就业高校毕业生，与之签订 1 年以上劳动合同并为其缴纳社会保险费的小微企业，给予最长 1 年的社会保险补贴，不包括高校毕业生个人应缴纳的部分。对离校 2 年内未就业的高校毕业生灵活就业后缴纳的社会保险费，给予一定数额的社会保险补贴，补贴标准原则上不超过其实际缴费的 2/3，补贴期限最长不超过 2 年。

（6）公益性岗位补贴。享受公益性岗位补贴的人员范围为就业困难人员，重点是其中的大龄失业人员和零就业家庭人员。对公益性岗位安置的就业困难人员给予岗位补贴，补贴标准参照当地最低工资标准执行。

1）公益性岗位补贴期限，除对距法定退休年龄不足 5 年的就业困难人员可延长至退休外，其余人员最长不超过 3 年（以初次核定其享受公益性岗位补贴时年龄为准）。

2）对公益性岗位补贴期满后仍难以通过其他渠道实现就业的大龄就业困难人员、零就业家庭成员、重度残疾人等，可再次按程序通过公益性岗位予以安置，岗位补贴和社会保险补贴期限重新计算，并报送省级人力资源社会保障部门、财政部门备案，累计安置次数原则上不超过 2 次。

（7）就业创业服务补助。用于加强公共就业创业服务机构服务能力建设。

（8）高技能人才培养补助。重点用于高技能人才培训基地建设和技能大师工作室建设等支出。

2. 失业保障政策

失业保险是国家给予失业人群的最根本的社会保障。对缴纳失业保险满 1 年、非本人意愿中断就业、已办理失业登记并有求职要求的失业人员，可以申请领取失业保险金。自 2019 年 12 月起，登记失业人员领取失业保险金期满仍未就业且距法定退休年龄不足 1 年的，可继续享受失业保险金至法定退休年龄。失业人员在领取失业保险金期间患病就医的，可按规定向经办机构申请领取医疗补助金；在领取失业保险金期间或期满后，符合享受当地城市居民最低生活保障条件的，可以按照规定申请享受城市居民最低生活保障待遇。

3. 创业扶持政策

我国现行的创业扶持政策主要包括：市场准入、税收减免、行政事业性收费减免、创业担保贷款及贴息、一次性创业补贴、创业带动就业补贴、创业场地补贴、创业孵化补贴、创业见习补贴和创业培训补贴。

（1）市场准入。放宽企业注册登记条件，推进全程电子化登记和电子营业执照应用。放宽新注册企业场所登记条件限制，允许"一址多照""一照多址""住改商"等，为创业创新提供便利服务。

（2）税收减免。个体经营税费减免，对符合条件的人员，从事个体经营的，自办理个体工商户登记当月起，在3年内按每户12 000元为限，依次扣减其当年实际应缴纳的增值税、城市维护建设税、教育费附加、地方教育附加和个人所得税。纳税人年度应缴纳税款小于上述扣减限额的，减免税额以其实际缴纳的税款为限；大于上述扣减限额的，以上述扣减限额为限。限额标准最高可上浮20%，各省、自治区、直辖市人民政府可根据地区实际情况在此幅度内确定具体限额标准。

（3）行政事业性收费减免。下岗失业人员从事个体经营的，自市场监督管理部门批准其经营之日起3年内，可以免交有关登记类、证照类和管理类行政事业性收费。对应届及毕业2年内的高校毕业生从事个体经营的，自市场监督管理部门批准其经营之日起3年内，可以免交有关登记类和证照类等行政事业性收费。

（4）创业担保贷款及贴息。创业担保贷款及贴息包括个人和小微企业创业担保贷款及贴息。

1）个人创业担保贷款及贴息。符合创业担保贷款申请条件的人员，自主创业或合伙创业，除助学贷款、住房贷款、购车贷款、5万元以下小额消费贷款（含信用卡消费）以外，本人及其配偶无其他贷款的，可申请创业担保贷款和财政贴息支持。贷款额度不超过20万元，期限不超过3年。合伙创业的，可根据合伙创业人数适当提高贷款额度，最高不超过符合条件个人贷款额度的10%。

2）小微企业创业担保贷款及贴息。小微企业当年新招用登记失业人员等符合创业担保贷款申请条件的人数，达到在职职工总数的15%（不超过100人的企业达到8%），与其签订1年以上劳动合同，且无拖欠职工工资、欠缴社会保险费等严重违法违规信用记录的,可申请创业担保贷款和财政贴息支持。贷款额度不超过 300 万元,期限不超过 2 年。对还款积极、带动就业能力强、创业项目优的借款小微企业,可继续提供创业担保贷款贴息,累计次数不超过 3 次。对获得市(设区市)级以上荣誉称号的创业人员、创业项目、创业企业,经过金融机构评估认定的信用小微企业、商户、农户,经营稳定守信的二次创业者等特定群体,原则上取消反担保。

(5)一次性创业补贴。对首次创办小微企业或从事个体经营,且所创办企业或个体工商户自工商登记注册之日起正常运营 1 年以上的离校 2 年内高校毕业生、就业困难人员、返乡入乡农民工,可给予一次性创业补贴。

(6)创业带动就业补贴。在校及毕业 2 年内普通高等学校学生、复员转业退役军人、从事非农产业农民、登记失业人员和就业困难人员等,初次创业的创业经营主体、初创主体吸纳劳动者就业并与之签订 1 年以上期限劳动合同、按规定缴纳社会保险费,给予创业带动就业补贴。补贴标准由各地根据初创主体实际带动就业人数、缴纳社会保险费和补贴资金规模等情况确定。创业带动就业补贴只能享受一次。

(7)创业场地补贴。政府投资开发的孵化基地等各类创业载体,可安排一定比例场地,免费向毕业生、返乡创业农民等提供,充分利用闲置资源提供低成本场地支持。支持稳定就业压力较大地区为失业人员自主创业免费提供经营场地。支持高质量建设一批返乡创业园(基地)、聚集区,对入驻或租用园区标准化厂房生产的,可对厂房租金、卫生费及管理费等给予一定额度减免。

(8)创业孵化补贴。鼓励各地加快建设重点群体创业孵化载体,对创业孵化基地给予奖补;向社会购买基本就业创业服务成果,可根据创业孵化基地入驻实体数量和孵化效果,给予一定奖补。

(9)创业见习补贴。针对青年创业者普遍存在的创业经验、能力不足,创业持久力不强的问题,为进一步培养青年创业能力,提高青年创业成功率,各地人力资源社会保障部门积极发展一批经营状况良好、管理规范有序、社会责任感强的优质企业,成为青年创业见习基地,推进实施青年创业见习工作。对提供青年创业见习基地的企业,给予一定补贴。

(10)创业培训补贴。符合条件的人员参加创业培训后取得相应证书,给予一定标准的创业培训补贴。面向有创业意愿和创业培训需求的城乡青年,开展有针对性的创业培训,鼓励和支持高校开设创业教育课程,落实创业培训补贴政策。

二、对基层工作的要求

1. 政策咨询服务的基本原则

劳动保障协理员在进行政策咨询服务中，一般要遵循以下五项原则。

（1）以礼相待原则。讲究基本的礼仪礼貌，尊重服务对象，对服务对象一视同仁，言行一致。

（2）认真负责原则。认真倾听，态度诚恳，急之所急，帮之所需。对于超出业务范围的问题，应告知服务对象准确的咨询途径、渠道。

（3）准确严谨原则。深刻领会国家法律法规和相关政策内涵，解答问题要符合国家法律法规和政策，准确表达，不能引起服务对象的歧义。

（4）强化宣传原则。积极主动宣讲政策，聚焦百姓需求，注重宣讲的热度、温度、深度，真正让服务对象听得懂、能落实。

（5）讲究时效原则。解答问题要及时，对于把握不准确的问题要进一步了解相关政策，并将了解到的情况及时告知服务对象。

2. 政策咨询服务的技术要求

（1）熟练掌握当前的有关政策。劳动保障协理员必须了解人力资源社会保障相关法律法规知识，掌握当前的就业创业政策、社会保险政策、退休人员社会化管理政策，熟悉就业服务、各项补贴办理和社会保险服务的工作内容、工作流程。

（2）全面把握服务对象所询问的内容。劳动保障协理员要认真听取服务对象的叙述，准确了解服务对象的基本情况，把握服务对象的来意，了解并提炼其所咨询的关键问题、核心问题，以便提供精准的政策咨询服务。

（3）准确解答服务对象所提出的问题。劳动保障协理员应根据服务对象的问题，充分运用当前政策，结合服务对象的具体情况做出明确回答。对涉及的相关政策规定给予详细说明解释，对可享受的扶持政策逐一列举供服务对象选择，对相关事务办理程序进行详细告知。

（4）解答要通俗易懂，注重相互交流。劳动保障协理员在解答问题过程中，要有层次、有条理、有针对性地解释说明。语言表达要通俗易懂，避免使用过多专业术语，尽量口语化。注重与服务对象的互动交流，确认是否解答了服务对象的疑问。

（5）态度诚恳，建立互信。劳动保障协理员在咨询服务过程中要注意服务对象的情绪，做到热情周到、真诚相待、态度诚恳、耐心细致，语言表达准确流利。

要尊重服务对象的个人隐私、生活习惯、民族禁忌和风俗，建立互相信任的关系。

3. 政策咨询服务的一般方式

（1）按照解答问题方式的不同，提供政策咨询的方式可分为口头政策咨询和书面政策咨询。

1）口头政策咨询是指服务对象到基层平台现场或以电话方式提出咨询，劳动保障协理员给予口头解答。口头政策咨询主要适用于服务对象的问题较为简单，通过口头解释就可以让服务对象明白了解。

2）书面政策咨询是指服务对象以"12345"派单、网络留言、书信或电子邮件的方式提出问题，劳动保障协理员以书面形式给予解答。书面政策咨询主要适用于服务对象的问题较为复杂，通过用书面形式才能让服务对象了解政策、知晓办理程序等情况。

（2）按照使用工具的不同，提供政策咨询服务的方式分为网上咨询服务、宣传窗（栏）服务、发放宣传资料等。

1）网上咨询服务是指针对服务对象的共性问题，通过互联网、短视频、电子屏等形式进行宣传解释。

2）宣传窗（栏）服务是指在基层平台公共服务大厅或街镇、社区相对集中的公共场所设立宣传窗（栏），宣传有关政策法规，公示材料等。

3）发放宣传材料是指将相关政策印制成宣传折页、宣传单、小册子等，通过服务大厅、政策宣讲活动、上门等形式进行发放。

思考题

1. 就业扶持政策包括哪几类？涉及哪些主要内容？
2. 创业扶持政策包括哪几类？涉及哪些主要内容？
3. 结合实际工作谈谈劳动保障协理员在日常工作中应如何做好政策咨询服务。

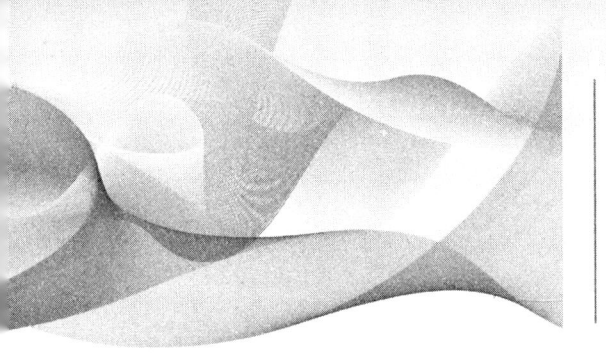

职业模块 5
社会保险基本知识

培训课程 1

社会保险概述

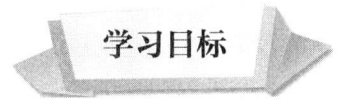

1. 掌握社会保险的基本知识和政策要点。
2. 了解基层开展社会保险服务的工作要求。

一、社会保险的概念

1. 社会保险的定义

社会保险是国家依法建立的面向劳动者的一项社会保障制度，它由政府、单位和个人三方共同筹资，目的是保证劳动者在年老、疾病、工伤、失业、生育等情况下，能够依法从国家或社会获得物质帮助，以此消除劳动者的后顾之忧。

2. 社会保险立法

《中华人民共和国社会保险法》（以下简称《社会保险法》）于 2011 年 7 月 1 日起正式实施。《社会保险法》的颁布实施，通过建立覆盖城乡居民的社会保障体系，维护公民参加社会保险和享受社会保险待遇的合法权益，使公民共享发展成果，对于更好地保障和改善民生，促进社会主义和谐社会建设具有重要的意义。社会保险是社会保障体系的重要组成部分，国家通过立法强制单位和个人参加。

《社会保险法》规定："国家建立基本养老保险、基本医疗保险、工伤保险、失业保险、生育保险等社会保险制度，保障公民在年老、疾病、工伤、失业、生育等情况下依法从国家和社会获得物质帮助的权利。"这五项保险制度，涵盖了职工在职业生涯全过程的风险预防和相应保障。为使《社会保险法》具体实施有法可依、有章可循，国务院及所属行政部门分别出台了专项法规，将几项社会保险纳入法制化轨道。

3. 社会保险覆盖范围

职工应当参加基本养老保险，由用人单位和职工共同缴纳基本养老保险费。无雇工的个体工商户、未在用人单位参加基本养老保险的非全日制从业人员以及其他灵活就业人员可以参加基本养老保险，由个人缴纳基本养老保险费。

职工应当参加职工基本医疗保险，由用人单位和职工按照国家规定共同缴纳基本医疗保险费。无雇工的个体工商户、未在用人单位参加职工基本医疗保险的非全日制从业人员以及其他灵活就业人员可以参加职工基本医疗保险，由个人按照国家规定缴纳基本医疗保险费。

职工应当参加工伤保险，由用人单位缴纳工伤保险费，职工不缴纳工伤保险费。

职工应当参加失业保险，由用人单位和职工按照国家规定共同缴纳失业保险费。

职工应当参加生育保险，由用人单位按照国家规定缴纳生育保险费，职工不缴纳生育保险费。

二、社会保险的意义

1. 保障基本生活

国家通过立法，按照权利与义务相对应原则，多渠道筹集资金，对参保者在遭遇年老、疾病、工伤、失业、生育等风险情况下提供物质帮助，使其享有基本生活保障，免除或减少经济损失。

2. 维护社会稳定

社会成员的老、弱、病、残、孕以及丧失劳动能力，是在任何时代、任何社会制度下都无法避免的客观现象。社会保险就是当社会成员遇到这种情况时给予适当的补偿以保障其基本生活水平，从而防止不安定因素的出现。

3. 促进经济发展

完善的社会保障制度，有利于提高劳动者在工作、生活中抵御风险的能力，促进劳动者在本职岗位上创造经济价值，健康有序流动，激发就业创业的活力。

4. 保持社会公平

由于人们在文化水平、劳动能力等方面的差异，会造成收入上的差距。社会保险可以通过强制征收保险费，聚集成保险基金，对丧失劳动能力、暂时失去劳动岗位或因健康原因造成损失的人口提供收入或补偿。

三、社会保险的主要特征

1. 强制性

国家通过立法，强制符合条件的用人单位和劳动者参加社会保险，履行法律所规定的参保、缴费等义务，这与用人单位自主为劳动者提供的其他福利不一样，不能因用人单位和劳动者的约定而发生改变。用人单位还负有代扣代缴社会保险费的义务，劳动者在满足一定的资格条件后可依法享受社会保险待遇。

2. 预防性

社会保险的预防性主要反映在国家通过建立社会保险基金，保障参保人员的法定权益。多方筹措建立起来的社会保险基金，可由国家用在每位参保者身上，防范他们发生社会保险立法规定范围内的风险而遭受损失，起到有备无患、未雨绸缪的作用。

3. 补偿性

社会保险给予参保者的物质帮助，主要限于收入损失补偿，即劳动者在劳动中断、收入中断时才有权获得给付。通过社会保险得到的补偿只是对受保障者收入损失一定程度的补偿，即保障劳动者的基本生活需要。

4. 福利性

社会保险不以盈利为目的，为广大参保人员提供稳定、可靠的社会保障，具有福利性特征。

5. 共济性

社会保险实行互助共济，按照大数法则，在整个社会范围内统一筹集和调剂使用资金，依靠全社会的力量均衡负担和分散风险。社会保险覆盖的范围越大，抵御风险的能力就越强，如失业保险是全体参加失业保险的劳动者分担失业者的失业风险，工伤保险是全体参加工伤保险的劳动者分担遭遇工伤事故（含职业病）的劳动者的职业伤害风险。因此，社会保险具有典型的互助共济特征。

四、社会保险主要政策要点和对基层工作的要求

1. 主要政策要点

（1）建立统一的城乡居民基本养老保险制度。按照党的十八大精神和十八届三中全会关于整合城乡居民基本养老保险制度的要求，依据《社会保险法》有关

规定，在总结新型农村社会养老保险（以下简称新农保）和城镇居民社会养老保险（以下简称城居保）试点经验的基础上，国务院决定，将新农保和城居保两项制度合并实施，在全国范围内建立统一的城乡居民基本养老保险（以下简称城乡居民养老保险）制度。党的二十大报告指出："社会保障体系是人民生活的安全网和社会运行的稳定器。健全覆盖全民、统筹城乡、公平统一、安全规范、可持续的多层次社会保障体系。完善基本养老保险全国统筹制度，发展多层次、多支柱养老保险体系。"

（2）合并实施生育保险和职工基本医疗保险。2019年，国务院办公厅印发《关于全面推进生育保险和职工基本医疗保险合并实施的意见》（国办发〔2019〕10号），提出了"保留险种、保障待遇、统一管理、降低成本"的总体思路，生育保险与职工医保统一参保登记、统一基金征缴和管理、统一医疗服务管理、统一经办和信息服务，不增加单位和个人缴费负担，参保人待遇不变，手续更加简化。

（3）基本医疗保险跨省异地就医结算。2022年，国家医疗保障局、财政部印发《关于进一步做好基本医疗保险跨省异地就医直接结算工作的通知》（医保发〔2022〕22号），要求深化基本医疗保险跨省异地就医直接结算改革，持续提升人民群众异地就医结算的获得感、幸福感和安全感。从完善跨省异地就医直接结算政策、规范跨省异地就医直接结算管理服务、强化跨省异地就医资金管理、提升医保信息化标准化支撑力度、加强跨省异地就医直接结算基金监管五个方面完善跨省异地就医直接结算办法。

2. 对基层工作的要求

（1）加强内部风险管理的控制

1）定期开展廉政风险教育及窗口作风整顿。以身边典型案例强化干部职工遵纪守法意识，不断从思想上牢固树立廉政风险意识。

2）优化流程控风险。抓实、抓细业务清单，进一步细分业务风险点，完善内部控制流程，切实加强内部风险控制。

3）加强对社会保险基金投资的管理和监督。不定期抽查高风险业务经办情况，加强对社保基金的法律监督、行政监督和社会监督，确保基金安全和有效使用。

（2）加强对社会保险的宣传工作。持续扩大社会保险宣传覆盖面和影响力，让群众和参保企业都能够享受到社保政策的"实惠"，体会到政务服务的"温暖"，享受到改革发展的"红利"。扎实做好传统媒体渠道宣传，通过报纸、杂志、大厅电子屏、宣传页、宣传栏等宣传经办流程、惠企便民政策；创新做优新媒体宣传渠道，利用线上工作群、微信公众号、门户网站、网络视频平台等载体，形成社会保险政策宣传矩阵。

（3）加强信息化系统建设。加强社会保障经办管理服务规范化、标准化、信息化建设，进一步优化社保经办服务的流程，建立全国联网、标准统一的社保管理信息服务平台，实现便捷服务及高效管理。

思考题

1. 简述社会保险的重要意义。
2. 简述基层应做好哪几方面工作以保障社会保险工作顺利开展。

培训课程 2

社会保险的主要内容

1. 掌握各类社会保险的基本概念与政策要点。
2. 了解各类社会保险的特征和作用。

一、养老保险服务

1. 养老保险的概念

养老保险是指国家和社会通过相应的制度安排，为劳动者解除养老后顾之忧的一种社会保险，其目的是增强劳动者抵御老年风险的能力，弥补家庭养老的不足，方法是在劳动者退出劳动岗位后为其提供相应的收入保障。

《社会保险法》规定："职工应当参加基本养老保险，由用人单位和职工共同缴纳基本养老保险费。无雇工的个体工商户、未在用人单位参加基本养老保险的非全日制从业人员以及其他灵活就业人员可以参加基本养老保险，由个人缴纳基本养老保险费。"

基本养老保险制度由两个部分组成：职工基本养老保险制度、城乡居民基本养老保险制度。目前，我国职工基本养老保险制度主要覆盖城镇各类企业及其职工，机关事业单位及其职工，城镇个体工商户和灵活就业人员。

2. 养老保险的特征

（1）责任共担。养老保险由国家强制实行，国家、单位和个人三方或单位和个人双方共同负担。

（2）普遍需求。老年风险的普遍性决定了人们对养老保险的普遍需求。

（3）地位特殊。一方面，老年风险是最应得到重视的一种风险；另一方面，由于养老保险待遇较高、领取时间长、基金规模大，因此，养老保险是最重要的社会保险项目，在各国社会保障体系中占有举足轻重的地位。

（4）长期积累。养老保险的长期积累，一是指缴费时间长达数十年，二是领取养老金的时间也可能长达数年到数十年不等。

（5）管理复杂。养老保险的长期积累性带来了制度设计和管理的难度。养老保险享受人群多且时间较长，费用支出庞大。因此，必须设置专门机构，实行现代化、专业化、社会化的统一规划和管理。

3. 养老保险的作用

（1）保障劳动者老有所养。目前中国老龄化形势严峻，速度快、规模大，"人口红利"不足。因此，健全的养老保险制度，是适应未来老龄化危机的重要抓手，使劳动者在岗时可以安心工作，达到法定年龄正式退休后可以得到一份收入保障。

（2）合理分配。养老保险能够使劳动者在劳动期间和退休后的收入达到合理分配。劳动者有从事劳动的义务（权利），当然在退休后也有享受养老保险的权利。因劳动者在劳动期间创造了物质财富，不但在劳动期间要获得工资等形式的收入，而且在解除法定劳动义务后也应获得生活补偿，这就是养老保险的基本作用。

（3）调动劳动者积极性。养老保险保证了劳动者解除法定劳动义务后的基本生活，解除了劳动者的后顾之忧，有利于激发劳动者的劳动积极性，从而促进劳动生产率的提高。

4. 享受养老保险的条件[①]

《社会保险法》规定："参加基本养老保险的个人，达到法定退休年龄时累计缴费满15年的，按月领取基本养老金。参加基本养老保险的个人，达到法定退休年龄时累计缴费不足15年的，可以缴费至满15年，按月领取基本养老金；也可以转入新型农村社会养老保险或者城镇居民社会养老保险，按照国务院规定享受相应的养老保险待遇。"《社会保险法》的规定，明确了享受权利和缴费义务的对应性，并有效保证退休者社会保险不断线。

[①] 在本套教程编写过程中，关于退休年龄、养老金计算等相关内容，均依据当时有效的法律法规进行编写，待新政策的具体实施细则公布后，我们将及时对本套教程进行更新与修订。

（1）法定退休年龄。退休一般是指根据国家有关规定，劳动者因达到退休年龄而退出工作岗位，也包括因工、因病丧失劳动能力而退出工作岗位。我国的法定退休年龄是：男职工年满60周岁，女干部年满55周岁，女工人年满50周岁。

（2）参加基本养老保险的个人累计缴费满15年。缴费是法律规定的强制性义务，只要在用人单位就业，就应当按照国家规定缴费。规定最低缴费年限为15年，并不是说缴满15年就可以不缴费了，而是规定缴费积累达到符合领取退休金的最低条件。同时，个人缴费年限越长、缴费基数越大，退休后领取的养老金就越多。

（3）缴费不足15年的人员养老保险待遇。《社会保险法》在总结各地实践经验的基础上规定，达到法定退休年龄时累计缴费不足15年的，一是可以继续缴费（后延缴费或一次性缴纳）至满15年，按月领取基本养老金；二是可以转入新型农村或者城镇居民社会养老保险，按规定享受相应的养老保险待遇。

5. 丧葬补助金、遗属抚恤和病残津贴制度

根据《社会保险法》规定，参加基本养老保险的个人，因病或者非因工死亡的，其遗属可以领取丧葬补助金和抚恤金。丧葬补助是为了减轻职工家属的经济负担。抚恤金是为了保证由死亡职工供养的直系亲属生活来源不断供。参加基本养老保险的个人，在未达到法定退休年龄时因病或者非因工致残完全丧失劳动能力的，可以领取伤残津贴。运用基本养老保险基金对病伤致残参保人员发放津贴，是为了保障他们的基本生活。

二、医疗保险服务

1. 医疗保险的概念

医疗保险是参保人因病需要治疗时，根据法律规定从国家或社会获得医疗服务，对因病造成的经济损失及医疗费用给予适当补偿，以恢复和保障参保人身体健康的一种社会保险制度。

我国的基本医疗保险制度由三个部分组成：职工基本医疗保险制度、新型农村合作医疗保险制度和城镇居民基本医疗保险制度。目前，我国城镇职工基本医疗保险制度覆盖城镇各类用人单位及其职工，对于乡镇企业及其职工、城镇个体经济组织业主及其从业人员参加基本医疗保险，由各省、自治区、直辖市人民政府确定。随着灵活就业人员逐步增加，为解决这部分人员的医疗保障问题，明确将灵活就业人员纳入基本医疗保险制度范围。其中，以职工身份参保的，由用人单位和职工个人共同缴纳基本医疗保险费；以灵活就业人员身份参保的，由个人按照国家规定缴纳基本医疗保险费。

2. 医疗保险的特征

（1）待遇支付形式为非定额费用补偿。医疗保险是一种医疗费用补偿机制，这种费用补偿待遇与缴费多少无关，与医疗费用直接相关，即患者获得的费用补偿不是取决于其缴过多少医疗保险费，而是取决于病情、疾病发生的频率及实际需要。不同于养老保险、失业保险实行标准的定额支付，医疗保险是依据每个患者疾病的实际情况确定的。

（2）补偿期短但受益时间长。由于疾病发生具有随机性，因此医疗保险提供的补偿具有不确定性，一次疾病的时间通常不会太长，每次补偿期较短。人的一生中难免生病，医疗保险自参加保险之日起将伴随参保人一生。

（3）涉及关系复杂。医疗保险涉及政府、用人单位、医疗机构、社会保险经办机构、医药机构和患者个人等多方之间复杂的权利义务关系。医疗保险制度的有效性不仅取决于其本身的科学性、合理性，同时，与公共卫生资源的合理配置、医疗卫生体制、医药流通体制等紧密相连。

（4）待遇支出的不确定性。由于医疗关系十分复杂，患病时每个人的实际医疗费用无法事先确定，支出多少不仅取决于疾病的实际情况，医疗处置手段、医疗服务提供者的行为甚至可能的道德风险等都会对医疗费用产生影响，因此，医疗保险待遇的支出具有很大的不确定性。

3. 医疗保险的作用

（1）有利于提高劳动生产率。医疗保险一方面解除了劳动者的后顾之忧，使其能安心工作，从而提高劳动生产率，促进生产的发展；另一方面也保证了劳动者的身心健康，保证了劳动力正常再生产。

（2）调节收入差别，体现社会公平性。通过征收医疗保险费和偿付医疗保险服务费用来调节收入差别，是政府一种重要的收入再分配的手段。

（3）维护社会安定。医疗保险对患病的劳动者给予经济上的帮助，有助于消除因疾病带来的社会不安定因素，是调整社会关系和社会矛盾的重要社会机制。

4. 职工基本医疗保险的待遇规定

职工基本医疗保险基金由个人账户和统筹基金构成。个人账户主要用于门诊（小病）医疗费用支出，统筹基金主要用于住院（大病）医疗费用支出。统筹基金的起付标准、最高支付限额、以及在起付标准以上和最高支付限额以下医疗费用的个人负担比例，由统筹地区根据以收定支、收支平衡的原则确定。

同时，《社会保险法》对基本医疗保险基金支付范围作出限制性规定，不纳入基本医疗保险基金支付范围的医疗费用主要有四类：一是应当从工伤保险基金中支付的，二是应当由第三人负担的，三是应当由公共卫生负担的，四是在境外就医的。

5. 退休人员基本医疗保险的待遇规定

《社会保险法》规定，退休人员按照国家规定享受基本医疗保险待遇，需要满足参加职工基本医疗保险、达到法定退休年龄、累计缴费达到国家规定年限三个条件。其中，累计缴费达到国家规定年限一项，按各统筹地区规定的最低缴费年限，一般为20~30年不等，其中也包括职工参加基本医疗保险前的"视同缴费年限"。未达到国家规定年限的，可以缴费至国家规定年限。有的地方规定，累计缴费不足国家规定年限的，个人可继续按月缴纳基本医疗保险费；也有的地方规定，可以自愿申请一次性补缴差额年限的基本医疗保险费。除此之外，这部分人群还可以通过参加城镇居民基本医疗保险或者新型农村合作医疗，解决其基本医疗保障问题。

三、工伤保险服务

1. 工伤保险的概念

工伤保险是指国家通过立法建立的，以社会统筹方式建立基金，对在工作过程中遭受事故伤害，或因从事有损健康的工作患职业病而丧失劳动能力的职工，以及对因工死亡职工的遗属提供物质帮助的制度。按照《工伤保险条例》的规定，我国工伤保险适用各类企业，有雇工的个体工商户，事业单位、社会团体和民办非企业单位。工伤保险是社会保险制度中的重要组成部分。

2. 工伤保险的特征

（1）工伤保险是强制性保险。国家通过立法的形式强制用人单位对职工遭受的工伤事故和职业病负责，所有用人单位都应当为职工参加工伤保险，并由用人单位缴纳工伤保险费。

（2）职工个人不缴费。工伤保险费由用人单位缴纳，职工个人不缴纳任何费用。

（3）工伤保险实行无过失责任原则。职工在工作过程中受到伤害，无论用人单位是否有过错，都应对职工进行补偿，职工不用承担责任。

3. 工伤保险的作用

（1）有效保障了工伤职工的合法权益。发生工伤后，职工能及时得到医疗及基本生活待遇、体能康复及生活辅助器具、伤残抚恤、职业康复等经济补偿及物质帮助。

（2）有效促进了工伤预防和安全生产。工伤保险的实行对促进用人单位改善劳动条件、开展工伤预防、防止事故发生、保护职工身体健康发挥了积极的作用。

（3）分散了用人单位的工伤风险。通过建立工伤保险制度，以社会统筹的工伤保险基金为工伤职工提供物质帮助和经济补偿，实现地区之间、企业之间的工伤风险分担，避免企业由于发生严重工伤事故而承受巨大损失，有利于企业可持续发展。

4. 享受工伤保险待遇条件及工伤认定、劳动能力鉴定

（1）工伤范围。根据《工伤保险条例》规定，职工有下列情形之一的，应当认定为工伤。

1）在工作时间和工作场所内，因工作原因受到事故伤害的。

2）工作时间前后在工作场所内，从事与工作有关的预备性或者收尾性工作受到事故伤害的。

3）在工作时间和工作场所内，因履行工作职责受到暴力等意外伤害的。

4）患职业病的。

5）因工外出期间，由于工作原因受到伤害或者发生事故下落不明的。

6）在上下班途中，受到非本人主要责任的交通事故或者城市轨道交通、客运轮渡、火车事故伤害的。

7）法律、行政法规规定应当认定为工伤的其他情形。

（2）工伤认定。职工受到事故伤害后，能否享受工伤保险待遇，需要经过统筹地区负责社会保险的行政部门做出工伤认定。

（3）劳动能力鉴定。工伤保险制度规定的劳动能力鉴定，是劳动能力鉴定委员会根据国家标准《劳动能力鉴定 职工工伤与职业病致残等级》对工伤职工的劳动功能障碍程度和生活自理障碍程度的一种综合评定，鉴定结论是工伤职工享受工伤保险待遇的依据。

1）劳动能力鉴定的主体。按照《工伤保险条例》的规定，劳动能力鉴定由劳动能力鉴定委员会组织专家进行。劳动能力鉴定委员会由社会保险行政部门、卫生健康行政部门、工会组织、经办机构代表以及用人单位代表组成。

2）劳动能力鉴定的申请。劳动能力鉴定由用人单位、工伤职工或者其直系亲属向劳动能力鉴定委员会提出申请。

3）伤残等级。劳动功能障碍分为十个伤残等级，最重的为一级，最轻的为十级。生活自理障碍分为生活完全不能自理、生活大部分不能自理和生活部分不能自理三个等级。

5. 工伤保险基金支付项目

《社会保险法》规定，经工伤认定的工伤职工，享受工伤保险待遇，应按照国家规定从工伤保险基金中支付相关费用。因工伤发生的下列费用，按照国家规定从工伤保险基金中支付。

（1）治疗工伤的医疗费用和康复费用。

（2）住院伙食补助费。

（3）到统筹地区以外就医的交通食宿费。

（4）安装配置伤残辅助器具所需费用。

（5）生活不能自理的，经劳动能力鉴定委员会确认的生活护理费。

（6）一次性伤残补助金和一至四级伤残职工按月领取的伤残津贴。

（7）终止或者解除劳动合同时，应当享受的一次性医疗补助金。

（8）因工死亡的，其遗属领取的丧葬补助金、供养亲属抚恤金和因工死亡补助金。

（9）劳动能力鉴定费。

6. 用人单位支付因工伤发生费用的项目

（1）治疗工伤期间的工资福利。职工因工作遭受事故伤害或者患职业病需要暂停工作接受工伤医疗的，在停工留薪期内，原工资福利待遇不变，由所在单位按月支付。工伤职工在停工留薪期满后仍需治疗的，继续享受工伤医疗待遇。生活不能自理的工伤职工在停工留薪期需要护理的，由所在单位负责。

（2）按月领取的伤残津贴。职工因工致残被鉴定为一级至四级伤残的，保留劳动关系，退出工作岗位，由用人单位和职工个人以伤残津贴为基数，缴纳基本医疗保险费；职工因工致残被鉴定为五级、六级伤残的，保留与用人单位的劳动关系，由用人单位安排适当工作。难以安排工作的，由用人单位按月发给伤残津贴，经工伤职工本人提出，该职工可以与用人单位解除或者终止劳动关系，由用人单位支付一次性工伤医疗补助金和伤残就业补助金；职工因工致残被鉴定为七级至十级伤残的，劳动合同期满终止，或者职工本人提出解除劳动合同的，由用人单位支付一次性工伤医疗补助金和伤残就业补助金。

（3）一次性伤残就业补助金。被鉴定为工伤的职工应由用人单位支付一次性伤残就业补助金。一级伤残为 24 个月的本人工资，二级伤残为 22 个月的本人工资，三级伤残为 20 个月的本人工资，四级伤残为 18 个月的本人工资，五级伤残为 16 个月的本人工资，六级伤残为 14 个月的本人工资，七级伤残为 12 个月的本人工资，八级伤残为 10 个月的本人工资，九级伤残为 8 个月的本人工资，十级伤残为 6 个月的本人工资。

四、失业保险服务

1. 失业保险的概念

失业保险制度是通过立法强制实行，由社会集中建立基金，对非因本人意愿中断就业而失去工资收入的劳动者提供一定时期物质帮助及再就业服务的制度，是社会保障体系的重要组成部分，是社会保险的主要项目之一。失业保险制度应覆盖到城镇各类单位及其职工，失业保险费应由用人单位和劳动者个人共同缴纳，由国家财政给予补贴。

2. 失业保险的特征

（1）普遍性。失业保险是为保障有工资收入的劳动者失业后的基本生活而建立的，其覆盖范围十分广泛。

（2）强制性。用人单位及其劳动者必须按照法律法规规定参加失业保险，并履行缴费义务。

（3）互济性。收缴的失业保险费在统筹地区统一安排使用，不记入个人账户。

（4）社会化。基金来源多渠道，由用人单位、劳动者和国家分担。

（5）水平适度。失业保险待遇与经济发展水平相适应，用以保障失业人员的基本生活。

（6）适当积累。失业保险在采取现收现付办法的同时，保留一定数量的基金以备应急之用。

（7）专款专用。失业保险基金只能用于法律法规规定的与失业保险有关的支出项目，不得用于其他支出。

3. 失业保险的作用

（1）维持社会稳定。失业使劳动者没有了经济收入，造成生活困难，如果没有制度性的保护措施，就很容易造成社会不稳定。失业保险金的发放使失业人员有了一定的收入，既保障了其在失业期间的基本生活，又起到了维持社会稳定的作用。

（2）促进就业。失业人员在个人享受失业保险待遇的同时，也会享受到职业介绍、职业指导、职业培训等多方面的就业服务，帮助失业人员提升素质，提高社会竞争力，促使其尽快找到新的工作岗位，实现再就业。

4. 失业保险待遇构成和相关标准

按照《失业保险条例》规定，失业保险待遇包括以下四个方面。

（1）用于保障基本生活的失业保险金。

（2）领取失业保险金期间的医疗补助金。

（3）领取失业保险金期间死亡的失业人员的丧葬补助金和其供养的配偶、直系亲属的抚恤金。

（4）领取失业保险金期间接受职业培训、职业介绍的补贴。

5. 失业保险金的申领

（1）同时具备下列条件的人员可以申请领取失业保险金：①按照规定参加失业保险，所在单位和本人已按照规定履行缴费义务满1年的；②非因本人意愿中断就业的；③已办理失业登记，并有求职要求的。失业人员在领取失业保险金期间，按照规定同时享受其他失业保险待遇。

（2）《社会保险法》和《失业保险条例》规定，失业人员领取失业保险金的期限，根据失业人员失业前所在单位和其本人累计缴费时间长短的不同，划分为三个档次：①累计缴费时间满1年不足5年的，最长能够领取12个月的失业保险金；②累计缴费时间满5年不足10年的，最长能够领取18个月的失业保险金；③累计缴费时间10年以上的，最长能够领取24个月的失业保险金。

（3）失业人员在领取失业保险金期间有下列情形之一的，停止领取失业保险金，并同时停止享受其他失业保险待遇：①重新就业的；②应征服兵役的；③移居境外的；④享受基本养老保险待遇的；⑤无正当理由，拒不接受当地人民政府指定部门或者机构介绍的适当工作或者提供的培训的。

五、生育保险服务

1. 生育保险的概念

生育保险是指职业妇女因生育而暂时中断劳动，由国家或单位为其提供生活保障和物质帮助的一项社会制度。其宗旨在于通过向生育女职工提供生育津贴、产假以及医疗服务等方面的待遇，保障她们因生育而暂时丧失劳动能力时的基本经济收入和医疗保健，帮助生育女职工恢复劳动能力，重返工作岗位，并使婴儿得到必要的照顾和哺育，从而体现国家和社会对妇女在这一特殊时期给予的支持和爱护。

2. 生育保险的特征

（1）享受对象主要是女职工。

（2）职工个人不缴费，生育保险费完全由单位缴纳。《企业职工生育保险试行办法》规定，生育保险按照"以支定收、收支基本平衡"的原则筹集资金。参加生育保险的用人单位，按照规定的比例缴纳生育保险费，职工个人不缴费。具体筹资比例由当地人民政府确定，但最高不得超过职工工资总额的1%。

（3）提供的医疗服务一般不包括提供特殊治疗。

（4）享受期限既包括产前，也包括产后。

（5）补偿与保障相结合，生育保险待遇水平一般比其他社会保险项目高。

3. 生育保险的作用

（1）有利于促进公平就业。受经济状况、就业观念、社会习俗及劳动者体能、生理等因素的影响，女性就业机会要少于男性。通过实施生育保险制度，有利于均衡用人单位之间的负担，减轻用人单位招用女职工的成本，将女职工生育负担由用人单位转化为全社会共同承担，解除女职工怀孕、生育等特殊困难时期的后顾之忧，对促进女性就业具有积极意义。

（2）有利于保障女职工身体健康。通过向生育女职工提供生育津贴、支付医疗费用等，有效地降低了女职工生育期间的风险，保障了女职工生育期间基本经济收入和医疗保健，有利于帮助生育女职工恢复劳动能力，重返工作岗位，并使婴儿得到必要的照顾和哺育。

（3）有利于提高人口素质。实施生育保险制度，能够保障孕产妇，特别是低收入孕产妇产前检查，降低分娩危险和非正常死亡，切实保护女职工身体健康和婴幼儿健康安全，提高人口质量。

4. 生育保险的待遇规定

根据《社会保险法》，生育保险待遇包括生育医疗费用和生育津贴，生育保险待遇所需资金从生育保险基金中支付。其中，生育医疗费用包括女职工因怀孕、生育发生的检查费、接生费、手术费、住院费、药费和计划生育手术费。生育津贴是指根据国家法律法规规定对职业妇女因生育休产假而离开工作岗位期间，给予的生活费用，是对工资收入的替代。此外，对生育津贴的支付标准和期限也有明确的规范和要求。

职工未就业的配偶按照国家规定享受生育医疗费用待遇。其中参加城镇居民基本医疗保险的未就业妇女，其生育医疗费用可以按照规定从城镇居民基本医疗保险基金中支付；参加新型农村合作医疗的农村妇女，其生育医疗费用可以按照规定从新型农村合作医疗基金中支付。

思考题

1. 基本养老保险制度由哪几部分组成？
2. 失业人员领取失业保险金的期限是如何规定的？
3. 工伤保险有哪些特征？
4. 医疗保险有哪几方面的重要作用？
5. 生育医疗费用包含哪几方面？

职业模块 ⑥ 退休人员社会化管理服务

培训课程 1
退休人员社会化管理服务概述

1. 掌握退休人员社会化管理服务的基本概念。
2. 理解退休人员社会化管理服务的意义。
3. 了解退休人员社会化管理服务的历史发展。

一、退休人员社会化管理服务的概念

1. 退休人员

退休人员是指参加城镇职工社会保险，且已按法律规定办理退休手续的人员。人员范围包括除机关事业单位正式职工以外的各类企业职工、民办非企业职工、城镇个体工商户及灵活就业人员在内的所有劳动者。

2. 退休人员社会化管理服务

退休人员社会化管理服务是指参加城镇职工社会保险并办理退休的职工，在完成退休社会化手续后，其管理服务工作与原单位相分离，养老金实行社会化发放，人员移交街道（乡镇）、社区（村）实行属地管理，由街道（乡镇）、社区（村）提供相应的管理服务。

二、退休人员社会化管理服务的意义

1. 完善社会保障制度体系的必然要求

社会主义市场经济体制迫切要求建立与之相适应的独立于企业、事业单位之

外的社会保障体系，实行退休人员社会化管理服务是完善社会保障体系的重要组成部分。退休人员社会化管理服务，能够保障职工在工作期间实现跨地区、跨行业、跨所有制的自由流动，在办理退休手续后，可以实现从"单位人"向"社会人"的身份转换。退休人员的养老、医疗等由国家统筹，意味着他们的法定权益得到了国家的保护，他们的生老病死、文体娱乐等由社会管理服务机构为其提供服务。实行退休人员社会化管理不再要求用人单位承担退休人员的日常管理服务工作，这些工作转为由政府指定的专门机构整合社会资源来完成。实行退休人员社会化管理是社会保障发展完善的一个必然选择，也是为尽快解决企业涉及的社会问题，增强企业活力和竞争力的重要措施。

2. 保障企业退休人员晚年生活质量的必由之路

随着经济社会发展、医疗卫生条件改善、科学文明程度提高，人口出生率和死亡率同时下降，平均预期寿命不断延长，使我国人口年龄结构进入了老龄化阶段。目前，我国人口平均预期寿命不仅大大超过发展中国家的水平，而且比一些发达国家还高。虽然人口老龄化是一个世界性的问题，但我国老龄化问题更加突出，解决起来难度更大。我国老龄化问题主要表现在四个方面：一是规模大，我国是一个人口大国，随着社会的发展和医疗条件的改善，人均寿命显著提高，老龄化人口也逐年增加；二是速度快，由于我国人口基数大和相当长一段时间实行计划生育政策，人口老龄化的速度比任何国家都要快，而且高峰期持续时间长；三是底子薄，我国工业化还没有完成，人口老龄化就提前到来，经济实力制约着老龄问题的解决；四是负担重，我国养老保险制度模式是通过代际转移的方式解决养老问题，即一代人要负担两代人的养老责任。广大企业退休人员为国家的建设和发展辛劳了大半生，应当享有幸福、安定的晚年生活。实行养老金社会化发放后，企业退休人员晚年生活有了经济保障，在这个基础上，积极推进社会化管理服务，可以更好地实现退休人员的老有所养、老有所医、老有所教、老有所学、老有所为、老有所乐，使他们的晚年生活质量得到保证。

3. 经济社会发展和深化国有企业改革的客观需要

随着改革的不断深化和社会主义市场经济体制的建立，特别是深化国有企业改革，支持建立现代企业制度，要求企业作为一个独立的市场主体参与市场竞争，以生产经营为核心任务。而长期以来企业承担退休人员养老和社会福利事业，给企业带来很大压力，影响了企业的改革进程。实行退休人员社会化管理可以使企业从社会事务性工作中解脱出来，切实减轻企业负担，使企业轻装上阵，更好地投入到市场经营活动中。同时,随着国有企业改革不断深化,企业改制、兼并、破产等,大批企业退休人员失去了原单位的依托,亟须通过建立和完善社会化管理服务体系为他们提供保障和服务。面对这些新情况,把养老放在社会大环境中统筹考虑,全面实行企业退休人员社会化管理服务,既顺应了经济和社会发展的要求,又满足了广大退休人员的需要。

4. 构建社会主义和谐社会和应对人口老龄化的重要举措

广大企业退休人员长期以来为我国社会主义建设和国家发展做出了重要贡献,他们的晚年生活应当通过实行社会化管理服务得到更加充分的保障。退休人员社会化管理可以通过建立健全社会福利体系、完善医疗保障制度、发展养老服务业等方式保障退休人员的权利和利益,使他们获得幸福安定的晚年生活。另外,很多退休人员的子女不能陪在父母身边照料,即所谓"空巢老人",他们过着"出门一把锁,进门一盏灯"的寂寞生活,迫切需要"三大保障",即经济供养保障、医疗费用保障和生活照料保障,迫切希望社区组织给他们更多的关心和照顾。另外,随着我国经济社会发展水平的不断提高,人民的物质生活水平有了很大的改善,身体素质也随之增强,一般来说退休时大多数人的体力和精力还很充沛,且有丰富的工作经验,如果直接赋闲在家也是对人才的极大浪费。实行退休人员社会化管理服务,能帮助退休人员更好地发挥余热,继续参加到社会建设中,实现老有所为,在创造社会价值的同时,也为更好地维护社会和谐稳定发挥了积极的作用。

三、退休人员社会化管理服务的发展

在传统的计划经济体制下,国营企业的特点是大而全、小而全。企业既是生产单位,也是小社会,企业对职工的生老病死伤残全面负责,承担了许多应当由政府承担的社会职能。改革开放以后,随着计划经济向市场经济的转变,全面深化国有企业改革必须解决的难题之一就是要剥离企业办社会职能,其中最为重要的一项工作就是实现企业退休人员社会化管理,建立独立于企业、事业单位之外的完善的社会保障体系。我国企业退休人员社会化管理改革主要经历了三个阶段。

1. 起始阶段

实行退休人员社会化管理服务。社会化管理服务的概念可追溯到 1995 年国务院颁布的《关于深化企业职工养老保险制度改革的通知》(国发〔1995〕6 号),第一次明确提出"养老保险管理服务的社会化"。1999 年 9 月,党的十五届四中全会明确提出社会化管理的方向——逐步推进社会保障的社会化管理,实行退休人员与原企业相分离,由社区管理。

2. 发展阶段

明确退休人员社会化管理服务要求。2003年6月,中共中央办公厅、国务院办公厅转发了劳动和社会保障部等13个部门《关于积极推进企业退休人员社会化管理服务工作的意见》,对社会化管理服务的工作内容和工作条件作出明确规定,是我国全面推进退休人员社会化管理服务工作的标志。

3. 完善阶段

推进国有企业退休人员社会化管理。2019年,《中共中央办公厅 国务院办公厅印发〈关于国有企业退休人员社会化管理的指导意见〉的通知》,文件强调明确主体责任,地方党委和政府、街道和社区、国有企业分别承担推进国有企业退休人员社会化管理的组织领导责任,接收服务职责和具体工作责任。各地市级政府要制定完善国有企业退休人员社会化管理的具体实施办法,明确工作流程,落实工作责任,提供经费保障,创造条件增强街道和社区的保障能力,提升国有企业退休人员管理服务水平。

四、国有企业退休人员移交社会化管理

《关于国有企业退休人员社会化管理的指导意见》明确指出:全面深化国有企业改革,加快剥离国有企业办社会职能和解决历史遗留问题,建立成本合理分担机制,把握好节奏和力度,平稳有序推进国有企业退休人员社会化管理工作,为国有企业公平参与市场竞争创造条件。

1. 国有企业退休人员社会化管理目标

(1)集中力量全面完成国有企业退休人员移交街道(乡镇)和社区(村)实行社会化管理,确保有序平稳交接。

(2)实行社会化管理后,新办理退休人员的管理服务工作与原单位分离,常态化移交地方实行社会化管理。

2. 退休人员社会化管理服务模式与企业管理服务模式比较(见表6-1-1)

表6-1-1 退休人员社会化管理服务模式与企业管理服务模式比较

	社会化管理服务	企业管理服务
服务方式	企业员工办理退休手续后,用人单位与之脱离关系,养老金由社会进行发放,服务由属地提供	员工退休后,用人单位仍为其提供管理服务并发放养老金

续表

	社会化管理服务	企业管理服务
服务效果	1. 将属地所有退休人员集中管理，便于提供服务 2. 解决企业的社会压力问题，有助于增强企业活力 3. 依据就近原则，为退休人员提供便捷优质服务 4. 提供服务类型多样化 5. 针对特殊群体提供个性化服务	1. 服务管理单一，仅服务本企业退休人员 2. 服务内容、服务类型受企业规范程度、经济效益影响较大
服务特征	1. 服务覆盖范围广泛 2. 服务内容统一且丰富 3. 服务工作更专业	1. 服务内容根据退休人员需求有所差异 2. 服务体系存在封闭性

思考题

1. 有哪些退休人员可以实行社会化管理？
2. 退休人员实行社会化管理的优势是什么？

培训课程 2

退休人员社会化管理服务的形式和主要内容

学习目标

1. 了解退休人员社会化管理服务的主要形式。
2. 掌握退休人员社会化管理服务的主要内容。
3. 结合工作实际，理解退休人员社会化管理服务的要求。

一、退休人员社会化管理服务的形式

1. 主要形式

退休人员社会化管理服务的主要形式是将企业退休人员直接纳入街道（乡镇）和社区（村）进行管理与服务。退休人员原则上应纳入其户口所在地的街道、社区实行属地管理。

2. 组织体系

按照退休人员社会化管理的总体要求，各地需健全"两级政府，三级管理，四级服务"的组织体系。

（1）两级政府。两级政府是指市政府和区政府。退休人员社会化管理工作由市、区两级政府领导和调控。

（2）三级管理。三级管理是指市级管理服务机构、区级管理服务机构、街道（乡镇）基层平台。在市政府和区政府的基础上，退休人员社会化管理形成市、区、街道（乡镇）三级纵向管理体系。

（3）四级服务。四级服务指市级退休管理服务机构、区级退休管理服务机构、街道（乡镇）基层平台、社区（村）。在"四级服务"体系的建设中，自下而上发挥日常服务职能。

1）市级退休管理服务机构负责拟订退休人员社会化管理服务办法，按照办法有效开展各项工作，并对相关机构开展指导。

2）区级退休管理服务机构负责本辖区退休人员社会化管理服务工作，指导辖区内各街道（乡镇）具体开展退休人员社会化管理服务工作。

3）街道（乡镇）基层平台承担本辖区劳动就业和社会保障事务性工作，是承接退休人员社会化管理服务职能的基层平台。

4）社区（村）在街道（乡镇）的指导下为本社区（村）退休人员提供社会化服务。

二、退休人员社会化管理服务的主要内容

1. 开展退休人员社会化管理服务的基础工作

（1）建立退休人员信息库。建立退休人员信息库是社会化管理服务的重要基础工作，是做好管理服务的前提条件。只有了解退休人员基本信息、社会保障情况、家庭构成情况，以及兴趣爱好、技能特长、健康状况等情况，才能有针对性地加强动态管理、提供服务。街道（乡镇）要建立退休人员信息库，社区（村）要建立退休人员信息册（表、卡）。社会保险经办机构要及时向街道（乡镇）提供退休人员的有关信息资料，指导和帮助街道（乡镇）、社区（村）做好建设信息库的相关工作。信息库建立起来以后，要做好日常维护工作，实现动态管理。

（2）向退休人员发放社会化管理服务联系卡。街道（乡镇）及社区（村）基层平台要向退休人员发放社会化管理服务联系卡。联系卡的主要作用是方便退休人员与劳动保障协理员联系沟通，并及时得到相关服务。街道（乡镇）、社区（村）基层平台应认真组织好联系卡的发放工作，做到"一人一卡"，并做好宣传解释工作，使退休人员清楚了解联系卡的作用和内容。

（3）指导退休人员建立自我管理和互助服务组织。退休人员是一个庞大的社会群体，完全依靠街道（乡镇）、社区（村）的工作力量进行管理并向他们提供服务是不现实的，也无法满足退休人员的管理服务需求。因此，由街道（乡镇）、社区（村）指导退休人员建立自我管理和互助服务组织，解决退休人员在日常生活、学习、娱乐等方面遇到的问题，引导和动员退休人员开展活动，为繁荣社区文化、促进社区建设做出贡献，并不断提高生活质量。

（4）开展领取养老金资格认证工作。社会保险经办机构要依托街道（乡镇）、社区（村）基层平台，做好退休人员领取养老金资格认证工作。劳动保障协理员要跟踪了解退休人员生存状况，辖区内退休人员去世时，街道（乡镇）、社区（村）劳动保障协理员要及时向负责发放其基本养老金的社会保险经办机构报告。

2. 街道（乡镇）基层平台退休人员社会化管理服务职责

（1）落实社会保险待遇

1）配合社会保险经办机构做好确保养老金按时足额发放工作，保障退休人员的基本生活。

2）为退休人员提供社会保险政策咨询和各项查询服务。

3）跟踪了解企业退休人员生存状况，协助社会保险经办机构进行养老金领取资格认证。

4）帮助死亡退休人员的家属申请丧葬补助金和遗属津贴。

（2）加强党建工作。做好退休人员中党员党组织关系接转工作，及时将退休人员中的党员编入基层党支部，组织开展支部活动，加强对退休人员的思想政治教育，发挥先锋模范作用。

（3）提供医疗保健服务。建立退休人员健康档案，有计划地开展健康教育、疾病预防控制和保健工作，提供方便的医疗、护理和康复服务。

（4）组织文体活动。结合退休人员的特点组织开展多种形式的文化娱乐、健康保健、专题讲座等活动，丰富老年生活，实现"老有所乐"。

（5）开展走访慰问工作。对所辖范围内管理的退休人员进行走访和慰问，并要做好走访慰问记录、社会化管理服务统计台账登记等工作。

3. 社区（村）基层平台退休人员社会化管理服务职责

（1）负责对退休人员的基本信息进行确认和补充，协助街道掌握退休人员的健康、生活等动态情况，准确上报各类数据。

（2）负责走访退休人员家庭，接待退休人员来访，听取所反映的问题。

（3）负责协助组织退休人员参加市、区、街镇开展的各项活动，协助退休人员自我管理和互助服务组织开展活动。

（4）配合社区（村）党组织，组织退休人员参加党的活动。

4. 退休人员社会化管理服务制度

（1）退休人员社会化管理交接制度。街道（乡镇）基层平台将企业、社会保险经办机构移交的退休人员基本资料及时移交给所辖各社区管理。社区将退休人员档案管理卡等手续及时分类建档、动态管理、按月计报，并及时为退休人员中的党员建立组织关系，开展活动。

（2）退休人员社会化管理走访制度。

1）对接收纳入社区管理服务的退休人员，社区（村）劳动保障协理员应在退休人员纳入社区一个月内上门走访，了解退休人员基本情况，建立社区管理基础台账。

2）对鳏寡孤独退休人员，社区（村）劳动保障协理员每季度上门走访一次，了解其身体状况，帮助其解决有关生活困难。

3）对70岁以上高龄退休人员，社区（村）劳动保障协理员定期上门走访，了解其身体状况，听取意见和要求，尽力帮助解决困难。及时帮助高龄退休人员办理老年人优惠证、卡，保证他们享受高龄老人的退休待遇。

4）对家庭不幸发生特殊变故、生活发生困难且符合城乡居民最低生活保障标准的退休人员家庭，街道（乡镇）和社区（村）退休管理工作人员应及时上门慰问，帮助他们向民政部门申报纳入最低生活保障范围。退休人员亡故后，劳动保障协理员应及时上门对家属进行慰问，帮助家属申领丧葬补助金和直系亲属供养待遇。

5）对重病住院的退休人员，街道（乡镇）和社区（村）劳动保障协理员要及时进行慰问，尽力帮助他们解决有关难题。

6）对退休人员去世后生前供养的直系亲属视同退休人员，劳动保障协理员要及时了解各种情况，掌握其健康状况。

（3）退休人员社会化管理接待制度。对来访的退休人员，要热情接待，认真记录来访事由，认真处理他们提出的问题。

1）对来访退休人员提出的一般性政策、服务性问题，应在1~3日内给予答复或帮助解决。

2）对来访退休人员提出的问题，本级难以答复或解决的，应及时逐级报告，一般在7~10日内给予答复或帮助解决。

3）对退休人员提出的有关重大政策问题，经请示上级主管部门不能及时解决的，一般在一周内给予答复，并耐心解释，做好细致的思想工作。

4）如发生退休人员集体上访或其他特殊情况时，应立即向上一级机构报告，各级退休人员社会化管理服务机构应迅速作出反应，及时解决问题。

三、退休人员社会化管理相关政策要点及基层工作要求

1. 退休人员社会化管理相关政策要点

（1）退休人员实行社会化管理后的待遇标准。退休人员的养老金由社会保险经办机构计算、审批后确定的，无论由企业管理还是移交社会化管理，其发放金额和渠道都不会改变。

（2）退休人员社会化管理的经费保障。地方各级财政部门要将中央企业和地方企业退休人员由街道和社区实行社会化管理服务的经费纳入财政预算管理，予以必要保障。对于2020年前完成国有企业退休人员社会化管理的省（自治区、直辖市），中央财政视地方接收情况，采取适当方式予以一定支持，具体办法财政部另行制定。

2. 退休人员社会化管理基层工作要求

（1）实现统一管理

1）熟悉并掌握本地区退休人员的家庭基本情况、健康状况、二次从业意向及实际需求等动态信息。

2）实时做好本地区实行社会化管理的退休人员领取社会保险待遇资格认证工作，发现情况及时上报。

（2）做好服务保障

1）积极宣传退休人员社会化管理服务相关政策，反馈退休人员对社会化管理服务的意见和建议。

2）对实行社会化管理的退休人员进行走访和慰问。

3）组织本地区退休人员做好社会治安、公共卫生、社会保障、帮扶救助等工作。

（3）创新服务方式

1）根据人员特点，开展形式多样的文体活动，通过协会或者组织活动打造浓郁的社区文化氛围，增加社区的凝聚力，提高退休人员的归属感和满意度，最大限度地满足退休人员的精神追求，丰富本地区退休人员晚年生活。

2）利用信息化手段开展管理服务。一是建立信息发布平台，通过部门网站、微信公众号做好宣传工作，及时发布公示公告，随时随地答疑解惑，畅通退休人员诉求渠道；二是开展线上服务，为退休人员开展丰富的线上服务活动，如线上文体活动、线上课堂等。

思考题

1. 退休人员社会化服务的基础工作是什么?
2. 如何做好退休人员的服务保障工作?

培训课程 3

企业及相关方面的责任和义务

学习目标

1. 了解企业在退休人员社会化管理服务工作中的相关责任。
2. 了解相关部门在退休人员社会化管理服务工作中的相关责任。

一、企业在退休人员社会化管理服务工作中的相关责任

1. 企业在退休人员社会化管理移交前应承担的责任

（1）加强宣传引导。企业应认真贯彻落实好党中央的决策部署，狠抓责任落实，做好宣传引导工作。

1）加大宣传力度，广泛宣传推进退休人员社会化管理的重要性，为退休人员多方面提供获取相关政策的渠道，打消退休人员的顾虑，营造推进社会化管理服务的良好氛围。

2）企业应通过召开退休人员座谈会等形式，向退休人员宣传退休人员社会化管理服务的意义，及时解决他们的生活和思想问题。

（2）与退休人员就统筹外待遇签订协议。统筹外待遇是指不属于社保部门支付的养老金，全部由企业自行统筹发放的待遇，包括由企业支付退休职工的煤粮补贴、护理费、书报费、部分效益工资等。企业在退休人员移交社会化管理前应与退休人员协商处理好统筹外待遇，切实维护退休人员合法权益。

2. 企业在退休人员社会化管理移交中应承担责任

（1）做好"四个移交"

1）社会保障管理服务有效衔接。国有企业退休人员实行社会化管理后，社会

保险关系转移至退休人员户籍地或常住地街道,各类社会保障待遇要按时足额发放。优化社会保险、医疗保险经办流程,为退休人员在属地街道享受各项社会保险待遇提供便利条件。国有企业退休人员原享受的补充医疗保险、医疗互助帮困等相关待遇仍按原渠道解决,确保待遇水平不降低。

2)党员组织关系转移至街道和社区党组织。国有企业退休人员中党员的组织关系转入相应的街道和社区党组织。国有企业党组织要与街道和社区党组织密切衔接,跟进做好党组织关系接转和有关服务工作,并在党员接转组织关系前负有管理责任。

3)人事档案移交属地集中管理。国有企业退休人员的人事档案移交属地实行集中统一管理,由地方党委和政府指定单位做好档案管理工作。

4)活动场地移交社会。企业现有的用于退休人员活动的场所、设施,应继续发挥作用,并向社会开放。

(2)与社区密切联系。企业要积极配合社区开展工作,将以往好的方法和活动推荐给社区,让企业退休人员摆脱社会化移交过程中产生的失落感,从而减少多年以来对企业的依赖性,最终找到归属感和幸福感。

3. 企业在退休人员社会化管理移交后应承担责任

(1)妥善处理统筹外费用。按照新人新办法、老人老办法、统筹兼顾、逐步消化的原则,妥善解决国有企业退休人员统筹外费用问题。

(2)强化党组织共建合作。鼓励采取党建共建、活动联办、场所共用等多种形式,加强国有企业党组织与街道和社区党组织的联系对接。

二、相关部门在退休人员社会化管理服务工作中应承担的责任

1. 人力资源社会保障部门应承担的责任

(1)负责退休人员社会化管理的指导工作,负责指导做好社会化管理的接收工作,统筹协调解决工作推进过程中的相关问题。

(2)做好企业退休人员移交属地社会化管理的接收工作,做好退休人员基本养老保险、工伤保险待遇衔接发放工作。

2. 民政部门应承担的责任

(1)加强社区建设。指导社区服务坚持产业化、社会化发展方向,加快社区老年服务设施和服务网络建设,及时提供公益性养老服务。

(2)提供最低生活保障。将有特殊生活困难的企业退休人员纳入社会扶助范

围,及时向符合享受低保条件的企业退休人员家庭提供最低生活保障。

3. 医保部门应承担的责任

(1) 基本医疗保险待遇衔接。负责做好医疗保险转移接续及保障工作,确保退休人员享受退休人员医疗保险待遇。

(2) 医疗药费报销。积极推进医疗保险制度改革,及时将符合条件的社区卫生服务机构纳入城镇职工基本医疗保险定点医疗机构的范围,在医药费结算方式上对社区内的社会化退休人员予以适当照顾并提供方便。

4. 卫生健康部门应承担的责任

(1) 退休人员健康服务。社区卫生服务机构要建立退休人员健康档案,有计划地开展健康教育、疾病预防控制和保健工作,及时为退休人员提供医疗、护理和康复服务。

(2) 加快社区卫生服务网络建设。加快社区卫生服务网络建设,为退休人员就近医疗提供方便。

5. 工会、共青团、妇联、老龄委等组织和机构应承担的责任

(1) 为特殊群体提供义务服务。充分利用各自的管理服务网络,发挥自身优势,积极组织和指导社会志愿者队伍和其他社会公益组织,为退休人员特别是高龄、孤寡、病残等生活困难的退休人员提供义务服务。

(2) 维护退休人员合法权益。发挥法律援助方面的作用,积极推进退休人员维权工作,有效增强退休人员的自我防范意识和维权意识。

思考题

1. 企业在退休人员社会化管理移交前应承担什么责任?
2. 企业在退休人员社会化管理移交中应做哪些工作?

职业模块 7
劳动关系协调和维权基本知识

培训课程 1 劳动关系管理基本知识

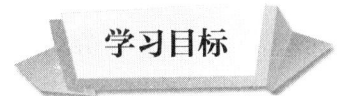

1. 掌握劳动关系管理的基本知识与政策要点。
2. 了解在基层开展劳动关系工作中的要求。

一、劳动关系管理的概念

1. 劳动关系的概念

劳动关系是指用人单位与劳动者之间为实现劳动过程而发生的一方有偿提供的劳动力,由另一方用于同其生产资料相结合的社会关系。劳动关系是《中华人民共和国劳动法》调整的最重要、最基本的关系。劳动关系的概念有广义和狭义之分。广义的劳动关系泛是指《中华人民共和国民法典》《中华人民共和国劳动法》等法律调整的劳动关系;狭义的劳动关系仅指《中华人民共和国劳动法》调整的劳动关系。在工作实践中,通常从狭义角度理解劳动关系,即《中华人民共和国劳动法》意义上的劳动关系。

2. 劳动关系管理的概念

劳动关系管理一般是指企业劳动人事部门对员工在劳动合同、岗位规范、劳动纪律、劳动纠纷、安全生产等方面进行制度化、规范化的管理,使劳动关系双方(用人单位与劳动者)的行为得到规范,权益得到保障,维护稳定和谐的劳动关系,为企业经营稳定运行提供保障。

二、劳动关系的构成

1. 劳动关系主体

劳动关系主体一方是劳动者，另一方是用人单位。劳动者是劳动力所有者，包括所有符合法定条件、自愿参加社会劳动的劳动者。用人单位是生产资料所有者或经营管理者，在我国主要包括企业、个体经济组织、民办非企业单位等组织和一定范围内的国家机关、事业单位、社会团体等。

2. 劳动关系客体

劳动关系客体是指主体的劳动权利和劳动义务所指向的对象，具体包括劳动者与用人单位在劳动时间、劳动报酬、休息时间、劳动安全、劳动卫生、劳动纪律与奖惩、福利保险、教育培训、劳动环境等方面形成的关系。

3. 劳动关系内容

劳动关系内容是指劳动主体双方依法享有的权利与所承担的义务。劳动者享有平等就业和选择职业的权利、取得劳动报酬的权利、休息休假的权利、获得劳动安全卫生保护的权利、接受职业技能培训的权利、享受社会保险和福利的权利、提请劳动争议处理的权利以及法律规定的其他劳动权利。用人单位依法享有的主要权利有：依法录用、调动和辞退职工，决定企业的机构设置，任免企业的行政干部，制定工资、报酬和福利方案，依法奖惩职工等。劳动者的主要义务有：按质、按量完成生产任务和工作任务，学习政治、文化、科学、技术和业务知识，遵守劳动纪律和规章制度，保守国家和企业秘密。用人单位承担的主要义务有：依法录用、分配、安排职工的工作，保障工会和职工代表大会行使其职权，按职工的劳动质量、数量支付劳动报酬，加强对职工思想、文化和业务的教育培训，改善劳动条件、做好劳动保护和环境保护。

三、劳动关系的特征

1. 劳动关系产生于劳动过程之中

只有劳动者进入用人单位，接受用人单位的安排，在劳动组织内和生产资料结合，使劳动对象发生形态的变化、位置的转移、价值的增加，才会产生现实的劳动关系。

2. 劳动关系兼有人身关系和财产关系的双重属性

一方面，劳动表现为人体的一种生理机能，劳动者向用人单位提供劳动力时，也将其人身在一定限度内交给了用人单位，劳动力的使用过程带有显著的人身性质，因此，劳动关系就其本来意义上说是一种人身关系。另一方面，劳动关系又具有财产关系的属性，劳动是人们谋生的主要手段，人们通过劳动获得生活资料，劳动关系体现为劳动力的让渡与劳动报酬的交换关系。

3. 劳动关系兼有隶属关系和平等关系相互交错的特征

首先，用人单位招聘劳动者，按照平等协商的原则建立劳动关系。在法律主体意义上，在用人单位内部的劳动关系中，用人单位和劳动者是平等的法律主体，依法平等地享有权利履行义务。其次，劳动关系一经确立，劳动者须进入用人单位，使自己的劳动力归用人单位支配，服从用人单位的指挥，听从调配，遵守用人单位的劳动纪律和规章制度，用人单位与劳动者之间形成了管理上的隶属关系。

4. 劳动关系以劳动的给付为主要内容

用人单位与劳动者之间建立劳动关系的主要内容就是劳动者向用人单位提供劳动力、给付劳动，与之相对应，用人单位应向劳动者支付工资作为报酬。

四、劳动关系管理的意义

1. 保障企业与员工相互选择的权利

依法制定相应的劳动关系管理规章制度，明确组织与员工各自的职责、权利与义务，保证双方在劳动关系的建立、接续或解除时的合法合规，同时促进人力资源市场供需双方的优化组合。

2. 保障企业内部各方面的正当权益

通过对劳动关系进行管理确保员工的工资支付、工作时间和休息时间等得到保障，确保企业的经济效益得到保障，从而提高企业的生产力和竞争力。

3. 改善企业内部劳动关系

通过员工大会、满意度调查等方式，了解员工的需求和意见，及时解决员工反映的问题，尤其涉及员工切身利益的决定，在员工的参与下，可以更好地兼顾员工的利益，从而提高员工的工作满意度和忠诚度，创造尊重、信任、合作的工作环境。

五、劳动关系管理方面的主要政策要点

2015年3月，中共中央、国务院印发《关于构建和谐劳动关系的意见》，明确提出依法保障职工基本权益、健全劳动关系协调机制。

1. 依法保障职工基本权益

（1）切实保障职工取得劳动报酬的权利。完善并落实工资支付规定，健全工资支付监控、工资保证金和欠薪应急周转金制度，探索建立欠薪保障金制度，落实清偿欠薪的施工总承包企业负责制，依法惩处拒不支付劳动报酬等违法犯罪行为，保障职工特别是农民工按时足额领到工资报酬。努力实现农民工与城镇就业人员同工同酬。

（2）切实保障职工休息休假的权利。完善并落实国家关于职工工作时间、全国年节及纪念日假期、带薪年休假等规定，规范企业实行特殊工时制度的审批管理，督促企业依法安排职工休息休假。企业因生产经营需要安排职工延长工作时间的，应与工会和职工协商，并依法足额支付加班工资。加强劳动定额定员标准化工作，推动劳动定额定员国家标准、行业标准的制定修订，指导企业制定实施科学合理的劳动定额定员标准，保障职工的休息权利。

（3）切实保障职工获得劳动安全卫生保护的权利。加强劳动安全卫生执法监督，督促企业健全并落实劳动安全卫生责任制，严格执行国家劳动安全卫生保护标准，加大安全生产投入，强化安全生产和职业卫生教育培训，提供符合国家规定的劳动安全卫生条件和劳动保护用品，对从事有职业危害作业的职工按照国家规定进行上岗前、在岗期间和离岗时的职业健康检查，加强女职工和未成年工特殊劳动保护，最大限度地减少生产安全事故和职业病危害。

（4）切实保障职工享受社会保险和接受职业技能培训的权利。认真贯彻实施社会保险法，继续完善社会保险关系转移接续办法，努力实现社会保险全面覆盖，落实广大职工特别是农民工和劳务派遣工的社会保险权益。督促企业依法为职工缴纳各项社会保险费，鼓励有条件的企业按照法律法规和有关规定为职工建立补充保险。引导职工自觉履行法定义务，积极参加社会保险。加强对职工的职业技能培训，鼓励职工参加学历教育和继续教育，提高职工文化知识水平和技能水平。

2. 健全劳动关系协调机制

（1）全面实行劳动合同制度。贯彻落实好劳动合同法等法律法规，加强对企业实行劳动合同制度的监督、指导和服务，在用工季节性强、职工流动性大的行业推广简易劳动合同示范文本，依法规范劳动合同订立、履行、变更、解除、终止等行为，切实提高劳动合同签订率和履行质量。依法加强对劳务派遣的监管，规范非全日制、劳务承揽、劳务外包用工和企业裁员行为。指导企业建立健全劳动规章制度，提升劳动用工管理水平。全面推进劳动用工信息申报备案制度建设，加强对企业劳动用工的动态管理。

（2）推行集体协商和集体合同制度。以非公有制企业为重点对象，依法推进工资集体协商，不断扩大覆盖面、增强实效性，形成反映人力资源市场供求关系和企业经济效益的工资决定机制和正常增长机制。完善工资指导线制度，加快建立统一规范的企业薪酬调查和信息发布制度，为开展工资集体协商提供参考。推动企业与职工就工作条件、劳动定额、女职工特殊保护等开展集体协商，订立集体合同。加强集体协商代表能力建设，提高协商水平。加强对集体协商过程的指导，督促企业和职工认真履行集体合同。

（3）健全协调劳动关系三方机制。完善协调劳动关系三方机制组织体系，建立健全由人力资源社会保障部门会同工会和企业联合会、工商业联合会等企业代表组织组成的三方机制，根据实际需要推动工业园区、乡镇（街道）和产业系统建立三方机制。加强和创新三方机制组织建设，建立健全协调劳动关系三方委员会，由同级政府领导担任委员会主任。完善三方机制职能，健全工作制度，充分发挥政府、工会和企业代表组织共同研究解决有关劳动关系重大问题的重要作用。

3. 健全劳务派遣用工制度

2014年1月，人力资源社会保障部令第22号公布《劳务派遣暂行规定》（以下简称《暂行规定》）。依据新修订的劳动合同法、劳动合同法实施条例等法律法规，《暂行规定》主要对适用范围，劳务派遣用工比例，劳动合同的订立、履行、解除和终止，跨地区劳务派遣的社会保险，法律责任以及用工比例调整过渡期等作了具体规定。

（1）适用范围。劳务派遣单位经营劳务派遣业务，企业使用被派遣劳动者，以及依法成立的会计师事务所、律师事务所等合伙组织、基金会以及民办非企业单位等组织使用被派遣劳动者，适用《暂行规定》。用工单位只能在临时性、辅助性或者替代性的工作岗位上使用被派遣劳动者。临时性工作岗位是指存续时间不超过6个月的岗位；辅助性工作岗位是指为主营业务岗位提供服务的非主营业务岗位；替代性工作岗位是指用工单位的劳动者因脱产学习、休假等原因无法工作的一定期间内，可以由其他劳动者替代工作的岗位。

（2）用工比例。用工单位应当严格控制劳务派遣用工数量，使用的被派遣劳动者数量不得超过其用工总量（指用工单位签订劳动合同人数与使用的被派遣劳动者人数之和）的10%。为加强对用工单位执行比例要求的监督管理，确定用工比例的责任主体，《暂行规定》对比例的核算问题进行了明确，即用工比例的计算单位为依照劳动合同法和劳动合同法实施条例可以与劳动者订立劳动合同的用人单位。

（3）权益保障。《暂行规定》在新修订劳动合同法所规定的用工单位应当对被派遣劳动者与本单位同类岗位的劳动者实行相同的劳动报酬分配办法的基础上，又增加了一些新的规定。例如，在福利待遇权益方面，明确用工单位应当按照劳动合同法第六十二条的规定，向被派遣劳动者提供与工作岗位相关的福利待遇，不得歧视被派遣劳动者。在社会保险权益方面，明确劳务派遣单位开展跨地区派遣业务的，应当在用工单位所在地为被派遣劳动者参加社会保险，按照用工单位所在地的规定缴纳社会保险费。这些新规定，从保险福利待遇上体现了同工同酬的要求。

六、劳动关系管理方面对基层工作的要求

（1）规范化。劳动关系管理要切实遵守相关法律法规。

（2）公平性。要明确劳动关系主体双方的地位和权利义务关系，保证劳动者的工资与其付出对等，保障企业劳动关系的协调发展。

（3）协调性。通过共同商讨协商解决问题，避免利益冲突，维护双方的合法权益。

思考题

1. 劳动关系由哪几个组成部分？分别是什么？
2. 劳动关系有哪些特征？
3. 简述做好劳动关系管理的意义。
4. 做好劳动关系管理对基层工作人员有哪些要求？

培训课程 2 劳动争议处理基本知识

1. 掌握劳动争议的基本知识。
2. 了解劳动争议的各类处理方式。

一、劳动争议处理的概念

1. 劳动争议的概念

劳动争议是指劳动关系的当事人之间因执行劳动法律法规和履行劳动合同而发生的纠纷，即劳动者与所在单位之间因劳动关系中的权利义务而发生的纠纷。劳动争议包括劳动者与用人单位之间所发生的争议，以及用人单位或用人单位团体与工会之间围绕权利、义务以及相关利益所发生的争议。

2. 劳动争议处理的概念

劳动争议处理一般由用人单位、工会、政府三方共抓共管，通过员工申诉、劳动争议协商、劳动争议调解、劳动仲裁、诉讼等具体处理方式，遵循《中华人民共和国劳动法》《中华人民共和国劳动合同法》等相关政策法规，调节用人单位与员工、员工与员工之间的关系。

3. 劳动争议的构成要素

（1）劳动争议的主体。劳动争议的主体是指已建立劳动关系的劳动力供求双方，即一方是用人单位，另一方是该用人单位的劳动者。

（2）劳动争议的客体。劳动争议的客体是指一方当事人针对另一方当事人的行为是否符合劳动立法及相关立法的规定而提出的异议。

（3）劳动争议的内容。劳动争议的内容是指在社会生产劳动过程中，劳动关系双方由于实现劳动权利、履行劳动义务而发生的纠纷。

4. 劳动争议的特征

（1）劳动争议的主体是特定的。劳动争议的主体一方是劳动者，另一方是用人单位。劳动者主要是指与在中国境内的企业、个体经济组织建立劳动合同关系的职工和与国家机关、事业组织、社会团体建立劳动合同关系的职工。用人单位是指在中国境内的企业、个体经济组织以及国家机关、事业组织、社会团体等与劳动者订立了劳动合同的单位。

（2）劳动争议的内容具有广泛性。劳动争议的内容主要包括劳动权利和劳动义务，其中又涵盖就业、工资、工时、劳动安全与保护、劳动保险与福利、职业技能培训、民主管理、奖励惩罚等若干方面。

（3）劳动争议主体之间存在劳动关系。劳动争议以劳动关系为基础，如果争议不是发生在劳动关系双方当事人之间，即使争议内容涉及劳动问题，也不构成劳动争议。另外，劳动争议处理的程序是否公正会对劳资关系的稳定产生重要作用。

二、劳动争议的处理方式

1. 员工申诉

（1）员工申诉的概念。员工申诉是指员工认为在工作中受到不公正待遇，通过正常的渠道提出要求解决的行为。不公正的待遇涵盖用人单位管理或决策有损个人合法权益的；员工对绩效、奖惩、培训、薪酬、福利等方面有异议的；员工对劳动合同的签订、续签、变更、解除、终止等方面有异议的；员工受到上级或同事违法或滥用职权等不当行为的损害；员工认为用人单位在职务升迁或工作变动中处置不当的等。

（2）员工申诉的特征

1）制度化。员工申诉制度和程序在充分征询用人单位管理人员与员工的意见的基础上制定并加以公示，对于保护员工与用人单位的合法权益具有重要作用。

2）正式化。用人单位应建立正式化的申诉机构并确保申诉通道畅通，该机构应由劳资双方代表共同组成，以确保申诉处理的客观、公正。

3）明确化。应对申诉问题的范围有明确的界定并加以分类，让用人单位与员工了解申诉的问题所在，促进尽早发现问题，确定调查方向，及时处理问题，平息员工的不满,并由此发掘管理制度存在的不合理之处。

4)合理化。申诉程序的设计要保障员工有机会表达其意见并投诉有门;申诉的处理通道与程序依制度执行;问题处理的过程与结果能及时反馈并加以明示;用人单位定期整理并公布申诉处理的事件及问题特征。

(3)员工申诉的分类

1)个人申诉。个人申诉多是由于用人单位对员工进行惩罚引起的纠纷,通常由个人或工会代表提出。

2)集体申诉。集体申诉是为了集体利益而提起的政策性申诉,通常是工会针对用人单位(在某些情况下,也可能是管理方针对工会)违反协议条款的行为提出的质疑,集体申诉虽不直接涉及个人权利,但影响整个谈判单位的团体利益,通常由工会委员会的成员代表工会提出。

(4)员工申诉的作用

1)为员工提供合法的申诉渠道与正式程序。

2)疏解员工情绪,改善工作气氛。

3)检视用人单位人力资源管理规章制度的合理性。

4)防止管理权的不当使用,促进组织的内部公平。

5)减轻高层管理者处理员工不满事件的负荷。

6)提高用人单位内部自行解决问题的能力,避免问题扩大或恶化。

2. 劳动争议协商

(1)劳动争议协商的概念。劳动争议协商是指在劳动争议发生后,争议双方进行商谈并达成协议,解决纠纷的活动。这种活动存在于劳动争议处理的各个阶段,如劳动争议协商中,调解、仲裁及诉讼中。

(2)劳动争议协商的特征

1)自愿性。劳动争议协商是一种在双方自愿的基础上进行的解决方式。发生劳动争议,一方当事人可以通过与另一方当事人约见、面谈等方式协商解决。协商不是劳动争议处理必经程序。

2)灵活性。劳动争议双方可以根据实际情况灵活地选择不同方式进行讨论和磋商,劳动者可以要求所在企业工会参与或者协助其与企业进行协商。工会也可以主动参与劳动争议的协商处理,维护劳动者合法权益。劳动者也可以委托其他组织或者个人作为其代表进行协商。

（3）劳动争议协商的原则

1）平等原则。协商是在双方平等的基础上进行的谈判方式。在协商过程中，双方可以充分表达自己的意见和要求，达成共识的过程也是一个相互理解、相互尊重的过程。协商的结果不是一方强制性地接受另一方的意见，而是双方共同达成的一种解决方案。

2）合法原则。协商达成一致后签订书面和解协议，和解协议对双方当事人具有约束力，当事人应当履行。

（4）劳动争议协商的作用

1）稳定事态，避免用人单位与劳动者的矛盾进一步扩大和激化。

2）止诉息诉，有利于争议及时解决，尽快恢复正常劳动关系。

3）减少损失，降低劳动争议处理的效率损失，符合劳动力弱势地位保护的客观实际。

3. 劳动争议调解

（1）劳动争议调解仲裁法概述。《中华人民共和国劳动争议调解仲裁法》（以下简称《劳动争议调解仲裁法》）由第十届全国人民代表大会常务委员会第三十一次会议审议通过，于2008年5月1日起正式实施。《劳动争议调解仲裁法》是对劳动争议进行调解和仲裁的法律，对于解决劳动争议，保护当事人的合法权益、促进劳动关系的和谐稳定具有积极作用，进而对于构建社会主义和谐社会也具有重要意义。《劳动争议调解仲裁法》的主要内容包括劳动争议调解仲裁的一般规定、调解的启动与程序、仲裁的申请与受理、开庭与裁决等。《劳动争议调解仲裁法》与《中华人民共和国劳动法》《中华人民共和国劳动合同法》一并构成了劳动争议处理的主要法律依据。

（2）劳动争议调解的概念。劳动争议调解是指在劳动争议调解组织的主持下，在双方当事人自愿的基础上，通过宣传法律法规和政策，劝导当事人化解矛盾，自愿就争议事项达成协议，使劳动争议及时得到解决的一种活动。发生劳动争议，当事人双方不愿协商、协商不成或者达成和解协议后不履行的，可以向劳动争议调解组织申请调解。

《劳动争议调解仲裁法》第十六条规定：“因支付拖欠劳动报酬、工伤医疗费、经济补偿或者赔偿金事项达成调解协议，用人单位在协议约定期限内不履行的，劳动者可以持调解协议书依法向人民法院申请支付令。人民法院应当依法发出支付令。”这是《劳动争议调解仲裁法》赋予劳动者的一项强制性维权措施。

（3）劳动争议调解的特征

1）劳动争议调解遵循自愿、合法、民主协商的原则。调解不是劳动争议处理的必经程序。

2）劳动争议的调解机构是特定的，包括企业劳动争议调解委员会；依法设立的基层人民调解组织；在乡镇、街道设立的具有劳动争议调解职能的组织。

3）劳动争议调解的内容也是特定的，即劳动关系主体之间因劳动合同、集体合同或劳动法律法规中规定的权利义务关系。

（4）劳动争议调解的原则

1）合法原则。公正地对待双方当事人，在程序和结果上都不得偏袒其中任何一方。受理劳动争议案件后，应当尽快查明事实，分清是非，尽快调解，不得违反时限方面的法定要求。

2）平等原则。调解人员在调解过程中不能采取任何强制或命令的手段，强迫当事人接受调解意见，而应在协商、说服教育，分清是非的基础上达成一致。

3）自愿原则。只有劳动争议双方当事人都同意调解，调解机构才能受理，有一方不同意则不得受理。

4）公正原则。劳动争议双方当事人法律地位平等，双方具有平等的权利和义务，任何一方当事人都不具有超越另一方当事人的特权。确保双方当事人享有平等的法律地位，获得平等的保护。

（5）劳动争议调解的作用

1）解决劳动争议。劳动争议调解可以有效地考虑劳动争议双方之间利益冲突，缓解劳动者和用人单位的对立情绪，促进双方和解。

2）促进劳动争议双方自我执行。劳资双方自愿达成协议，从而在心理上产生更强的约束，能够自愿执行，减少了强制执行中的不确定因素。

3）降低成本、提高效率。相较于仲裁、诉讼，调解时的维权成本较低且调解方式灵活，利用调解不但能有效减少维权所耗费的时间，而且还可以减少诉讼成本。

4. 劳动仲裁

（1）劳动仲裁的概念。劳动仲裁是指劳动争议双方在同一问题上无法取得一致时，由劳动争议仲裁机构对当事人争议的事项，根据相关方面的法律法规和政策的规定，依法作出裁决，从而解决劳动争议的一种劳动争议处理方式。

（2）劳动仲裁的特征

1）时效性。《劳动争议调解仲裁法》规定了劳动争议申请仲裁的时效（即争议事项发生后的1年内）和计算方法（时效期从当事人知道或者应当知道其权利被侵害之日起计算）。同时，规定了劳动报酬争议仲裁的特别时效，在劳动关系存续期间因拖欠劳动报酬发生争议的，劳动者申请仲裁不受仲裁时效期间的限制，从而有利于解决1年以上的工资拖欠及相关争议问题。对劳动争议仲裁受理时限做出规定，目的是提高仲裁受理效率。

2）强制性。当事人对发生法律效力的调解书、裁决书应当依照规定的期限履行。一方当事人逾期不履行的，另一方当事人可以依照民事诉讼法的有关规定向人民法院申请执行，受理申请的人民法院应当依法执行。

（3）劳动仲裁的原则

1）自愿性。提交劳动仲裁必须双方当事人自愿，达成仲裁协议，当事人可以协商选择是否仲裁，选择哪家仲裁机构，仲裁什么事项，选择哪位仲裁员等。

2）公正性。劳动仲裁遵循以事实为根据、以法律为准绳和当事人在运用法律上一律平等的原则。劳动仲裁依法独立进行，没有级别管辖和地域管辖，不受行政机关、社会团体和个人的干涉。仲裁员应具有较高专业水平和良好道德素质，保证裁决的公正公平。

3）保密性。劳动仲裁不公开进行，有利于保护商业秘密，维护商业信誉。

（4）劳动仲裁的作用

1）维护劳动者合法权益。劳动者与用人单位在劳动关系、劳动合同、工作时间、休息休假、劳动报酬等方面发生争议时，可以通过劳动仲裁维护劳动者的合法权益。

2）对当事双方产生约束。劳动仲裁是劳动诉讼的前置程序，劳动者和用人单位对仲裁裁决不服的，劳动者可以自收到仲裁裁决书之日起15日内向人民法院提起诉讼，用人单位可以自收到仲裁裁决书之日起30日内向劳动争议仲裁委员会所在地的中级人民法院申请撤销裁决。

仲裁裁决为终局裁决，裁决书自作出之日起发生法律效力。当事人对发生法律效力的调解书、裁决书，应当依照规定的期限履行。一方当事人逾期不履行的，另一方当事人可以依照民事诉讼法的有关规定向人民法院申请执行。受理申请的人民法院应当依法执行。

3）维护健康的就业环境。通过劳动仲裁公正、及时地解决劳动争议，可以及时消除矛盾，减少不必要的纠纷，从而对促进劳动关系的和谐稳定与健康发展起到重要作用。

5. 诉讼

诉讼是人民法院通过审判程序解决劳动争议纠纷的活动。发生劳动争议，当事人不愿协商、协商不成或者达成和解协议后不履行的，可以向调解组织申请调解；不愿调解、调解不成或者达成调解协议后不履行的，可以向劳动争议仲裁委员会申请仲裁；对仲裁裁决不服的，可以向人民法院提起诉讼，但以下四种情况例外。

（1）劳动者以用人单位的工资欠条为证据直接向人民法院起诉，诉讼请求不涉及劳动关系其他争议，视为拖欠劳动报酬争议，按照普通民事纠纷受理，不必经过仲裁程序。

（2）根据《劳动争议调解仲裁法》，部分劳动争议实行有条件的"一裁终局"：追索劳动报酬、工伤医疗费、经济补偿或赔偿金，不超过当地月最低工资标准12个月金额的争议，以及因执行国家劳动标准在工作时间、休息休假、社会保险等方面发生的争议等案件的裁决，劳动者在法定期限内不向法院提起诉讼、用人单位向法院提起撤销仲裁裁决的申请被驳回的情况下，仲裁裁决为终局裁决，裁决书自作出之日起发生法律效力。

（3）对劳动争议仲裁委员会不予受理或者逾期未作出受理决定的仲裁申请，申请人可以就该劳动争议事项向人民法院提起诉讼。

（4）仲裁庭逾期未作出仲裁裁决的劳动争议案件，当事人可以就该劳动争议事项向人民法院提起诉讼。

思考题

1. 处理劳动争议有哪几种方式？
2. 劳动争议调解应遵循哪些原则？
3. 劳动争议处理的主要法律依据有哪些？

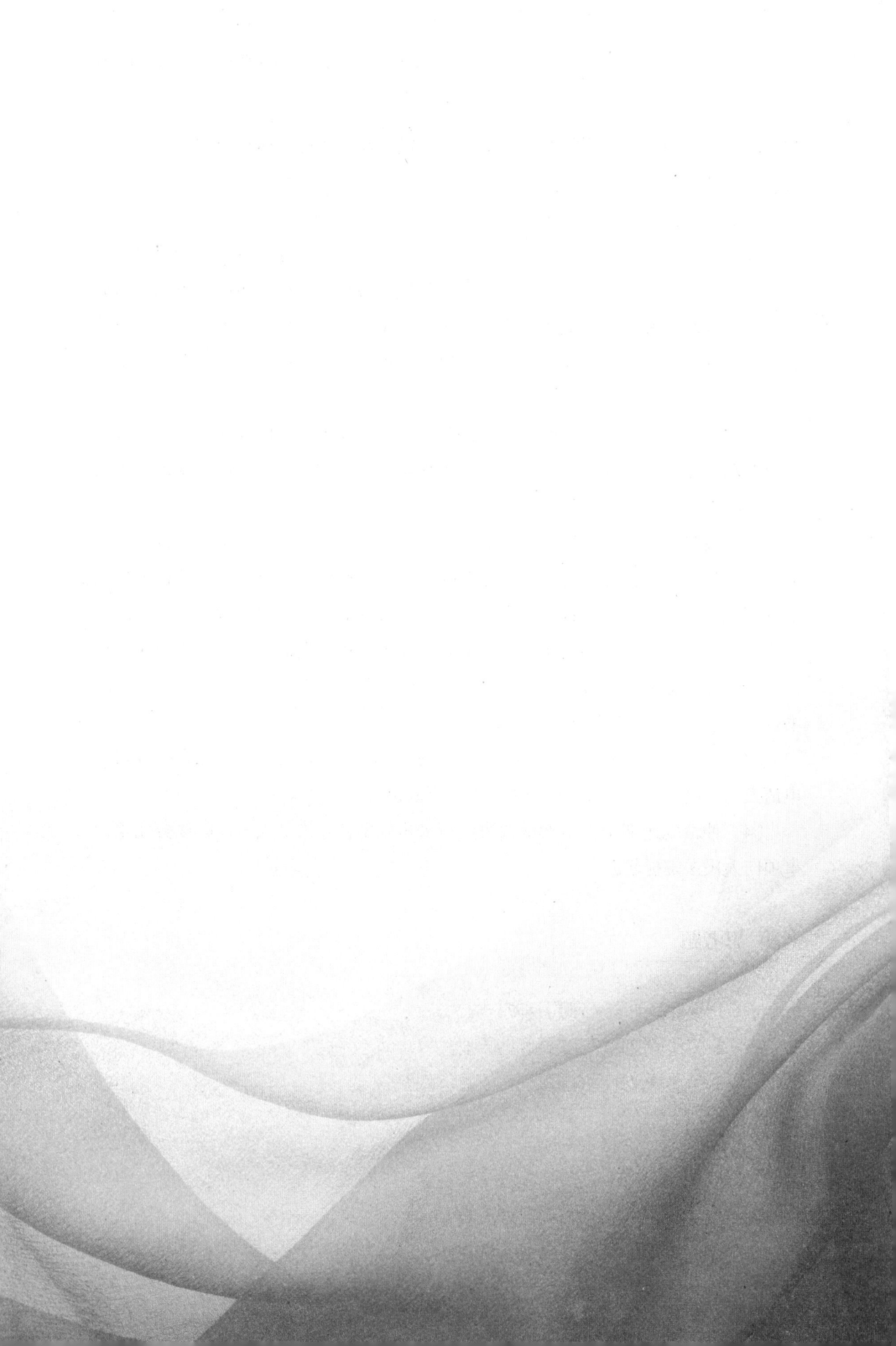

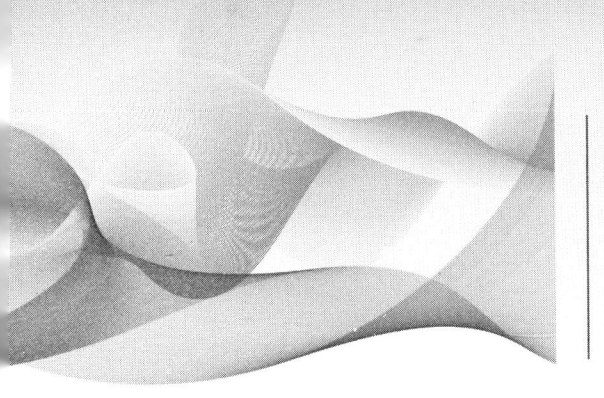

职业模块 8
相关法律法规知识

培训课程 1

《中华人民共和国劳动法》相关知识

学习目标

1. 了解《中华人民共和国劳动法》的立法意义和法律地位。
2. 掌握《中华人民共和国劳动法》的主要内容。

一、《中华人民共和国劳动法》概述

《中华人民共和国劳动法》(以下简称《劳动法》)于1995年1月1日起正式实施。这部法律的实施,对协调劳动关系、保护劳动者的合法权利、稳定社会秩序、促进各项劳动制度改革发挥了重要作用。

《劳动法》是一般范围内通用的法律,其效力具有普遍性,也是统领就业促进、劳动合同、劳动争议处理等特别法的上位法。

二、主要内容

1. 劳动关系协调的合同化

在劳动关系管理中突出劳动合同的作用,通过劳动合同来明确用人单位和劳动者的权利义务,通过双方平等协商所订立的合同来调整劳动关系。

(1)劳动合同关系使当事人双方在平等、自愿和协商一致的基础上实现利益协调。

(2)确立职工民主管理制度,使劳动关系双方当事人之间彼此合作,建立用人单位内部双方利益协调机制。

(3)确立劳动争议处理制度,按照"三方原则"开展劳动争议的调解、仲裁,

协调当事人双方的利益矛盾。

2. 劳动者权利和义务的法治化

（1）劳动者的权利

1）平等就业和选择职业的权利。

2）取得劳动报酬的权利。

3）休息休假的权利。

4）获得劳动安全卫生保护的权利。

5）接受职业技能培训的权利。

6）享受社会保险和福利的权利。

7）提请劳动争议处理的权利以及法律规定的其他劳动权利。

以上权利涵盖了劳动者劳动就业全过程的基本要素，为保障他们的劳动权益提供了法律支持。

（2）劳动者的义务

1）完成劳动任务。

2）提高职业技能。

3）执行劳动安全卫生规程。

4）遵守劳动纪律和职业道德。

3. 劳动者平等就业的制度化

《劳动法》规定劳动者就业，不因民族、种族、性别、宗教信仰不同而受歧视，并根据实际情况，作出具体规定。

（1）男女平等就业。为防止妇女就业受到歧视，《劳动法》规定："妇女享有与男子平等的就业权利。在录用职工时，除国家规定的不适合妇女的工种或者岗位外，不得以性别为由拒绝录用妇女或者提高对妇女的录用标准。"在完善劳动和社会保障权益方面，新修订的《中华人民共和国妇女权益保障法》规定，消除就业性别歧视，明确就业性别歧视的具体情形，将招聘、录取、晋职、晋级、评聘专业技术职称和职务、培训、辞退等过程中的性别歧视行为纳入劳动保障监察范围。

（2）残疾人就业。为防止残疾人就业过程中受到歧视，《劳动法》要求做出特别规定。在《中华人民共和国残疾人保障法》中规定，各级人民政府应当对残疾人就业统筹规划，为残疾人创造就业条件。对残疾人劳动就业实行集中与分散就业相结合的方针，采取优惠政策和扶持保护措施，通过多渠道、多层次、多种形式，使残疾人劳动就业逐步普及、稳定、合理。

（3）少数民族就业。为防止少数民族人员就业过程中受到歧视，《劳动法》要求做出特殊规定。在《中华人民共和国民族区域自治法》中规定，民族自治地方的自治机关录用工作人员的时候，对实行区域自治的民族和其他少数民族的人员应当给予适当的照顾。民族自治地方的企业、事业单位依照国家规定招收人员时，优先招收少数民族人员，并且可以从农村和牧区少数民族人口中招收。

（4）未成年人和特殊行业就业。为保护未成年人，《劳动法》规定，禁止用人单位招用未满十六周岁的未成年人。文艺、体育和特种工艺单位招用未满十六周岁的未成年人，必须遵守国家有关规定，并保障其接受义务教育的权利。

4. 劳动条件的基准化

由国家制定劳动标准，明确劳动的基本条件，保护劳动者的合法权益。

（1）用人单位必须遵守职工工作时间和休假制度，保障劳动者休息的权利。

（2）工资分配应当遵循按劳分配，实行同工同酬。用人单位应当按照劳动合同约定和国家规定及时足额支付劳动报酬。

（3）用人单位应加强劳动保护，改善劳动条件。

5. 劳动者保障的社会化

劳动者保障的社会化包括社会保险以及与其相联系的发展职业教育、组织就业培训、开展职业介绍等促进就业措施，具体内容如下。

（1）通过各种途径创造劳动就业条件。

（2）对劳动者进行必要的职业培训。

（3）发展社会保险事业，建立社会保险制度，设立社会保险基金，使劳动者在年老、患病、工伤、失业、生育等情况下获得物质帮助和补偿。

（4）实行最低工资保障制度等。

思考题

1. 《劳动法》的实施有何意义？
2. 简要说明劳动者具有的权利和义务。
3. 结合实际，谈谈《劳动法》对促进平等就业、防止就业歧视的作用。

培训课程 2

《中华人民共和国就业促进法》相关知识

学习目标

1. 了解《中华人民共和国就业促进法》的立法意义和法律地位。
2. 掌握《中华人民共和国就业促进法》的主要内容。

一、《中华人民共和国就业促进法》概述

《中华人民共和国就业促进法》（以下简称《就业促进法》）于2008年1月1日起正式实施。《就业促进法》的立法宗旨是："为了促进就业，促进经济发展与扩大就业相协调，促进社会和谐稳定。"之所以将促进就业、促进经济发展与扩大就业相协调、促进社会和谐稳定这三个方面确立为立法宗旨，原因在于就业是每一位劳动者生存的经济基础和基本保障，也是其融入社会、共享社会经济发展成果的基本条件，就业是最基本的民生；同时，促进就业关系到亿万劳动者及其家庭的切身利益，是社会和谐发展、长治久安的重要基础，是安国之策。就业是经济和社会发展的核心问题之一，促进就业是我国长期的战略任务。通过法治化的手段确立国家推动经济发展同扩大就业相协调，是我国做好促进就业工作、构建和谐社会的必然选择和重要内容。《就业促进法》的内容涵盖了政府责任、工作机制、政策支持、公平就业、就业服务和管理、职业教育和培训、就业援助、监督检查及法律责任等。为规范人力资源市场建设和加强就业服务管理，国务院专门制定了《人力资源市场暂行条例》，主管部门专门制定了《就业服务与就业管理规定》《人力资源服务机构管理规定》。

二、主要内容

1. 一个方针

《就业促进法》规定："国家把扩大就业放在经济社会发展的突出位置，实施积极的就业政策，坚持劳动者自主择业、市场调节就业、政府促进就业的方针，多渠道扩大就业。"在法律中明确了就业方针和工作方向，明确了劳动者、市场、政府在促进就业中应发挥的作用，并贯穿于法律的整个内容。

2. 一面旗帜

《就业促进法》高举公平就业的旗帜，反对就业歧视。保障劳动者的平等就业权利，既是促进就业工作的一项重要原则，也被社会广泛关注。《就业促进法》专设"公平就业"一章，明确规定劳动者就业，不因民族、种族、性别、宗教信仰等不同而受到歧视；残疾人、传染病病原携带者和进城就业的农村劳动者群体享有和其他劳动者平等的劳动权利。要求用人单位招用人员、职业中介机构从事职业中介活动时，应当向劳动者提供平等的就业机会和公平的就业条件，不得实施就业歧视。否则，要承担相应法律责任。

为解决法律实际执行过程中的落地问题，在《就业服务与就业管理规定》中又对公平就业做了进一步细化。

3. 六大责任及制度

（1）发展经济和调整产业结构，增加就业岗位。《就业促进法》规定："县级以上人民政府把扩大就业作为经济和社会发展的重要目标，纳入国民经济和社会发展规划，并制定促进就业的中长期规划和年度工作计划。"强调了就业工作重要地位，明确了政府促进就业的总体责任。

（2）规范人力资源市场。《就业促进法》规定县级以上人民政府培育和完善统一开放、竞争有序的人力资源市场，加强人力资源市场信息网络及相关设施建设，建立健全人力资源市场信息服务体系，完善市场信息发布制度，为劳动者就业提供服务。这一规定，为打破市场分割，建立统一规范灵活的人力资源市场指明了方向，也为完善市场就业机制、实现劳动者有序流动和最佳配置提供了条件。相应地，也建立了人力资源市场规范管理制度。

针对市场中存在的非法黑中介行为，《就业促进法》还明确了职业中介机构的设立条件、审批程序以及禁止从事的行为，加大了对违法行为的处罚力度，为有力维护市场秩序、保障劳动者权益提供了法律武器。对违反规定的下列行为：

①未经许可和登记，擅自从事职业中介活动的；②职业中介机构提供虚假就业信息，为无合法证照的用人单位提供职业中介服务，伪造、涂改、转让职业中介许可证的；③职业中介机构扣押劳动者居民身份证等证件的，向劳动者收取押金的，均规定由劳动行政部门责令改正、关闭和处罚。

（3）完善就业服务。《就业促进法》规定："县级以上人民政府鼓励社会各方面依法开展就业服务活动，加强对公共就业服务和职业中介服务的指导和监督，逐步完善覆盖城乡的就业服务体系。"进一步促进就业服务事业的发展，促进公共就业服务机构的规范发展。《就业促进法》还规定了公共就业服务机构不得从事经营性活动，应该免费为劳动者提供就业服务，公共就业服务经费纳入同级财政预算。这样，一方面明确了公共就业服务的公益性质和法律地位；另一方面，也为其健康发展和规范运作明确了方向提供了保证。与此相适应，要求按实现全方位就业服务要求构建公共就业服务制度。

为了使法律提出的原则能够操作，在《就业服务与就业管理规定》中结合工作实际，对完善公共就业服务制度进行了具体化：确定了劳动保障行政部门和公共就业服务机构的相关职责，落实免费就业服务项目，充实为用人单位服务以及为残疾人服务的内容，要求推进人力资源市场信息化建设，并明确公共就业服务机构不得从事经营性活动、招聘会不得向劳动者收取费用等规定。

（4）加强职业教育和培训。《就业促进法》规定："国家依法发展职业教育，鼓励开展职业培训，促进劳动者提高职业技能，增强就业能力和创业能力。"要求"县级以上人民政府加强统筹协调，鼓励和支持各类职业院校、职业技能培训机构和用人单位依法开展就业前培训、在职培训、再就业培训和创业培训；鼓励劳动者参加各种形式的培训。""地方各级人民政府鼓励和支持开展就业培训，帮助失业人员提高职业技能，增强其就业能力和创业能力。失业人员参加就业培训的，按照有关规定享受政府培训补贴。""国家对从事涉及公共安全、人身健康、生命财产安全等特殊工种的劳动者，实行职业资格证书制度，具体办法由国务院规定"。这些规定将推动职业培训工作，提高劳动者就业能力和创业能力，作为促进就业创业和有效缓解就业结构性矛盾的重要手段，明确了政府、培训机构和劳动者三方的责任，为培训事业发展提供保障。其中，职业资格证书制度是指按照国家制定的职业标准，对劳动者的技能水平或职业资格进行评价和鉴定，对合格者授予相应的职业资格和技能等级证书。并相应建立了面向城乡全体劳动者的终身职业培训制度。

（5）提供就业援助。《就业促进法》规定各级人民政府建立健全就业援助制度，对就业困难人员实行优先扶持和重点帮助；拓宽公益性岗位的范围，保障零就业家庭实现至少一人就业。由此，将政府对援助困难群体就业常规化，并相应建立健全就业援助的工作制度。

在《就业服务与就业管理规定》中进一步强化了就业援助制度，细化了公共就业服务机构对于就业援助的工作任务。

（6）失业预防和调控。《就业促进法》规定："县级以上人民政府建立失业预警制度，对可能出现的较大规模的失业，实施预防、调节和控制。"从而对防止和控制失业风险提出要求，并相应建立和完善失业保险制度，实现对失业人员的生活保障、促进再就业和预防失业"三位一体"功能。

4. 十大政策

政策在促进就业中具有导向、支持和帮扶作用，也是政府履行责任的具体体现。《就业促进法》将经过实践检验行之有效的积极就业政策上升为法律规范，并按照促进就业的工作要求规定了政策支持的核心内容，建立起促进就业的长效机制。

（1）实行有利于促进就业的产业政策。产业政策是政府为了实现经济社会发展而对产业发展进行引导和干预的政策。为使产业结构调整与促进就业协调发展，《就业促进法》规定："县级以上人民政府应把扩大就业作为重要职责，统筹协调产业政策与就业政策。""国家鼓励发展劳动密集型产业、服务业，扶持中小企业，多渠道、多方式增加就业岗位。""国家鼓励、支持、引导非公有制经济发展，扩大就业，增加就业岗位。""国家发展国内外贸易和国际经济合作，拓宽就业渠道。"这样，通过法律协调经济发展和促进就业政策，为实现发展经济和扩大就业的良性互动提供了保障。

（2）实行有利于促进就业的财政政策。促进就业是政府的重要职责，也是公共财政投入的重要方向。《就业促进法》规定："国家实行有利于促进就业的财政政策，加大资金投入，改善就业环境，扩大就业。县级以上人民政府应当根据就业状况和就业工作目标，在财政预算中安排就业专项资金用于促进就业工作。"近年来，中央通过专项转移支付方式，对各地就业工作给予了适当补助，各地也根据就业工作需要在财政预算中安排了就业专项资金，主要用于职业介绍、职业培训、公益性岗位、职业技能鉴定、特定就业政策和社会保险等的补贴，创业贷款担保基金和贴息，以及扶持公共就业服务等，为促进就业发挥了支撑作用。

（3）实行有利于促进就业的税收政策。税收优惠政策是促进就业政策中最直接的手段之一。为鼓励企业吸纳劳动者就业，支持个人自主创业带动就业，《就业促进法》规定：国家鼓励企业增加就业岗位，扶持失业人员和残疾人就业，对下列企业、人员依法给予税收优惠：①吸纳符合国家规定条件的失业人员达到规定要求的企业；②失业人员创办的中小企业；③安置残疾人员达到规定比例或者集中使用残疾人的企业；④从事个体经营的符合国家规定条件的失业人员；⑤从事个体经营的残疾人；⑥国务院规定给予税收优惠的其他企业、人员。对从事个体经营的符合国家规定条件的失业人员和从事个体经营的残疾人，有关部门还规定应当在经营场地等方面给予照顾，免除行政事业性收费。

（4）实行有利于促进就业的金融政策。为解决用人单位和创业人员的资金短缺问题，需加大金融信贷支持。《就业促进法》规定："国家实行有利于促进就业的金融政策，增加中小企业的融资渠道；鼓励金融机构改进金融服务，加大对中小企业的信贷支持，并对自主创业人员在一定期限内给予小额信贷等扶持。"法律的这些要求，为支持中小企业发展吸纳更多就业加油助力，也为鼓励劳动者自主创业，实现带动就业的倍增效应增强动力。

（5）实行城乡统筹的就业政策。针对农村劳动者在流动转移中的就业不稳定、服务不均等、权益缺保障的问题，《就业促进法》规定："国家实行城乡统筹的就业政策，建立健全城乡劳动者平等就业的制度，引导农业富余劳动力有序转移就业。""引导农业富余劳动力就地就近转移就业。"从而为促进城乡统筹就业，引导农业富余劳动力有序流动，改善农村劳动者进城就业的环境和条件指明了方向。

（6）实行区域统筹的就业政策。区域统筹的就业政策是促进我国不同区域就业均衡增长，从而实现区域经济社会协调发展的重要内容。《就业促进法》规定："国家支持区域经济发展，鼓励区域协作，统筹协调不同地区就业的均衡增长。国家支持民族地区发展经济，扩大就业。"法律的贯彻执行，为在实施推进西部大开发、振兴东北地区等老工业基地、促进中部地区崛起、鼓励东部地区率先发展的区域发展战略中保持就业稳定增长，统筹协调不同地区的就业均衡起到积极作用。

（7）实行群体统筹的就业政策。《就业促进法》的覆盖范围是全体劳动者。法律规定："各级人民政府统筹做好城镇新增劳动力就业、农业富余劳动力转移就业和失业人员就业工作。"强调了政府在促进城乡各类劳动者群体就业方面应担负统筹全局兼顾各方的责任。各个群体的就业特点不同，在经济社会发展的不同时期，就业重点也有所不同，要求各级政府既要统揽总体就业工作，又要对各类群体就业分别做出安排。

（8）实行有利于灵活就业的劳动和社会保险政策。灵活就业逐步成为劳动者就业的重要途径。为了鼓励劳动者通过灵活就业方式实现就业，保障灵活就业人员的合法权益，《就业促进法》第二十三条规定："各级人民政府采取措施，逐步完善和实施与非全日制用工等灵活就业相适应的劳动和社会保险政策，为灵活就业人员提供帮助和服务。"不仅在法律上认可了灵活就业，也为灵活就业人员提供了权益保障，有利于促进灵活就业规范健康发展。

（9）实行帮助困难群体就业的特别政策。帮助有困难的特殊群体实现就业，是维护劳动就业权、改善就业困难群体生存状况、促进社会公平与和谐的基本要求。《就业促进法》规定："各级人民政府建立健全就业援助制度，采取税费减免、贷款贴息、社会保险补贴、岗位补贴等办法，通过公益性岗位安置等途径，对就业困难人员实行优先扶持和重点帮助。"法律对就业困难群体援助政策做出的制度性安排，保证了就业援助充分发挥效应。

（10）实行失业保险促进就业政策。失业保险制度是对非因本人意愿中断就业而失去工资收入的劳动者提供帮助及就业服务的制度。《就业促进法》规定："国家建立健全失业保险制度，依法确保失业人员的基本生活，并促进其实现就业。"运用失业保险促进就业是积极就业政策的重要体现。根据法律要求，失业保险不只是发放失业救济金，更要运用一定比例失业保险基金促进就业，支持培训，稳定就业。

思考题

简述我国《就业促进法》中的一个方针、一面旗帜、六大责任及制度、十大政策的内容要点。

培训课程 3

《中华人民共和国劳动合同法》相关知识

学习目标

1. 了解《中华人民共和国劳动合同法》的立法意义和劳动合同订立的原则。
2. 掌握劳动合同的种类。
3. 掌握劳动合同中的必备条款和约定条款。
4. 掌握解除劳动合同的不同情形。
5. 了解集体合同、劳务派遣用工和非全日制用工的特别规定。

一、《中华人民共和国劳动合同法》概述

《中华人民共和国劳动合同法》（以下简称《劳动合同法》）于2008年1月1日起正式实施。

为了完善劳动合同制度，在《劳动法》的基础上制定《劳动合同法》就劳动合同制度做了更加详细、具体的规定，明确劳动合同双方当事人的权利和义务，保护劳动者的合法权益，为构建和发展和谐稳定的劳动关系提供了更加完善的法律保障。

为了贯彻实施《劳动合同法》，国务院颁发《中华人民共和国劳动合同法实施条例》，自2008年9月实施，标志着中国的劳动合同制度逐步走向完善和成熟。

1. 适用范围

（1）中华人民共和国境内的企业、个体经济组织、民办非企业单位等组织（以下称用人单位）与劳动者建立劳动关系，订立、履行、变更、解除或者终止劳动合同，适用本法。

(2)国家机关、事业单位、社会团体和与其建立劳动关系的劳动者,订立、履行、变更、解除或者终止劳动合同,依照本法执行。

(3)非全日制用工和劳务派遣工(对一些不规范用工未作规定)适用本法。

2. 劳动合同订立的原则

《劳动合同法》规定:"订立劳动合同,应当遵循合法、公平、平等自愿、协商一致、诚实信用的原则。"由此明确了订立劳动合同必须遵循的准则。

(1)合法原则。合法是劳动合同有效的前提条件。

1)劳动合同的形式要合法。除了非全日制用工可口头约定合同外,所有劳动合同都需要以书面形式订立,以作为法定依据,在双方发生争议时,便于当事人举证和有关部门处理。

2)劳动合同的内容要合法。《劳动合同法》规定了劳动合同的九项必备内容。

(2)公平原则。公平原则是指劳动合同的订立过程和订立内容应当公平、合理,防止存在偏向不公,以合理平衡劳动合同双方当事人的利益。

(3)平等自愿原则。平等原则,是指劳动者和用人单位在订立劳动合同时双方的法律地位是平等的,没有高低、从属之分,不存在命令和服从的关系;自愿原则,是指订立劳动合同完全是出于劳动者和用人单位双方自由表达的真实意志,任何单位和个人不得强迫订立或解除劳动合同。

(4)协商一致原则。在订立劳动合同时,用人单位和劳动者要进行充分沟通和协商,解决分歧,达成一致意见。现实中劳动合同往往由用人单位提供格式合同文本,由劳动者同意签字。因此,劳动者要认真研究合同条文,明确表达自身权益诉求。

(5)诚实信用原则。订立劳动合同双方要诚实、讲信用,不得有欺诈行为。劳动合同一旦订立,要依合同办事。

3. 劳动关系三方机制

劳动关系三方机制是构建和谐劳动关系的平等对话机制。根据《劳动合同法》规定,三方机制应当由劳动行政部门、工会和企业方面代表组成,共同进行对话协商,解决问题,化解矛盾。劳动行政部门代表政府,工会代表职工,企业代表组织。三方的职能各有侧重,相互独立,相互没有隶属关系。

三方机制解决的是劳动关系方面的重大问题,如劳动就业、劳动报酬、社会保险、职业培训、劳动争议、劳动安全卫生、工作时间和休息休假、集体合同和劳动合同等。建立劳动关系三方机制能够化解劳资矛盾、稳定劳动关系,对维护企业和职工双方的合法权益具有积极作用,进而对于促进经济发展和社会进步起到重要作用。

二、劳动合同的种类

《劳动合同法》按照劳动合同期限长短,将劳动合同分为固定期限劳动合同、无固定期限劳动合同和以完成一定工作任务为期限的劳动合同。

1. 固定期限劳动合同

固定期限劳动合同,是指用人单位与劳动者约定合同终止时间的劳动合同。用人单位与劳动者协商一致,可以订立固定期限劳动合同。

2. 无固定期限劳动合同

无固定期限劳动合同,是指用人单位与劳动者约定无确定终止时间的劳动合同。

用人单位与劳动者协商一致,可以签订无固定期限劳动合同,有下列情形之一的,除劳动者提出订立固定期限劳动合同外,应当订立无固定期限劳动合同。

(1)劳动者在该用人单位连续工作满十年的。

(2)用人单位初次实行劳动合同制度或者国有企业改制重新订立劳动合同时,劳动者在该用人单位连续工作满十年且距法定退休年龄不足十年的。

(3)连续订立两次固定期限劳动合同的(但不包括被用人单位辞退的人员;患病或者非因公负伤,医疗期满后不能从事原工作,或另行安排工作的人员;经过培训或者调整工作岗位,仍不能胜任工作的人员)。

这样就使劳动者可以根据自己意愿,把握订立无固定期限劳动合同的主动权和选择权。

此外,《劳动合同法》还规定:"用人单位自用工之日起满一年不与劳动者订立书面劳动合同的,视为用人单位与劳动者已订立无固定期限劳动合同。"以防止用人单位规避与劳动者订立劳动合同的行为。

3. 以完成一定工作任务为期限的劳动合同

以完成一定工作任务为期限的劳动合同是指用人单位与劳动者约定以某项工作的完成为合同期限的劳动合同。多适用于完成单项工作任务、完成承包任务、季节性临时用工等。

三、建立劳动关系

1. 劳动关系的建立

《劳动合同法》规定:"用人单位自用工之日起即与劳动者建立劳动关系。用人单位应当建立职工名册备查。"这是用人单位与劳动者建立劳动关系的法定标志。

（1）劳动关系自用工之日起建立，双方就可以按照约定享受权利和履行义务。

（2）用人单位建立职工名册，有利于做好用工管理，解决劳动争议，也便于劳动行政部门进行统计和行使劳动监察职能。

（3）订立书面劳动合同，根据《劳动合同法》对用人单位提出的法定要求，促使其尽快依法依规订立劳动合同，防止其在订立劳动合同中的规避责任，以保障劳动者合法权益。

（4）防止无效劳动合同，无效合同包括违反订立原则、不合法合规、非法人订立等情形。要指导用人单位和劳动者防止无效合同。

2. 劳动合同的内容

（1）必备条款。劳动合同的必备条款是指法律规定的劳动合同必须具备的内容，关系劳动者和用人单位双方的责权利。根据《劳动合同法》规定，劳动合同应当具备以下条款。

1）用人单位的名称、住所和法定代表人或者主要负责人。

2）劳动者的姓名、住址和居民身份证或者其他有效身份证件号码。

3）劳动合同期限。

4）工作内容和工作地点。

5）工作时间和休息休假。

6）劳动报酬。

7）社会保险。

8）劳动保护、劳动条件和职业危害防护。

9）法律法规规定应当纳入劳动合同的其他事项。

（2）约定条款。约定条款也称协议条款。除必备条款外，用人单位与劳动者可以约定试用期、培训、保密、补充保险和福利待遇等其他事项。

1）试用期的规定。试用期是指用人单位对新招收职工的思想品德、劳动态度、实际工作能力、身体情况等进行进一步考察的时间期限。

《劳动合同法》根据劳动合同期限的长短，将试用期进行了细化。《劳动合同法》第十九条规定："劳动合同期限三个月以上不满一年的，试用期不得超过一个月；劳动合同期限一年以上不满三年的，试用期不得超过二个月；三年以上固定期限和无固定期限的劳动合同，试用期不得超过六个月。同一用人单位与同一劳动者只能约定一次试用期。以完成一定工作任务为期限的劳动合同或者劳动合同期限不满三个月的，不得约定试用期。试用期包括在劳动合同期限内。"

2）服务期的规定。服务期是指用人单位与劳动者约定的劳动者必须为用人单位提供服务的期限。《劳动合同法》规定："用人单位为劳动者提供专项培训费用，对其进行专业技术培训的，可以与该劳动者订立协议，约定服务期。劳动者违反服务期约定的，应当按照约定向用人单位支付违约金。"从而有利于用人单位加强职工培训，加大培训投入，防止人才外流给企业带来损失。

3）竞业限制的规定。竞业限制是用人单位对负有保守用人单位商业秘密和涉及知识产权相关的保密事项的劳动者，在劳动合同或协议中约定的限制条款。《劳动合同法》规定，竞业限制的人员限于用人单位的高级管理人员、高级技术人员和其他负有保密义务的人员。竞业限制的范围、地域、期限由用人单位与劳动者约定，但不得违反法律法规的规定。

3. 劳动合同的履行

（1）劳动报酬的支付。劳动报酬是指劳动者因从事生产活动所获得的全部报酬。《劳动合同法》规定："用人单位应当按照劳动合同约定和国家规定，向劳动者及时足额支付劳动报酬。"劳动报酬权是劳动者的核心权益，它不仅是劳动者及其家属生活保障的需要，也体现劳动价值的社会认可。

劳动报酬一般包括计时工资、计件工资、奖金、津贴和补贴、延长工作时间的工资以及特殊情况下支付的工资等。

用人单位向劳动者支付劳动报酬时应注意以下几点。

1）遵守最低工资制度。

2）工资应当以货币形式发放。

3）劳动者加班费也是其劳动报酬的一个重要组成部分。

4）在一些特殊情况下，劳动者也应取得工资支付。这些特殊情况一般包括：①劳动者依法参加社会活动期间；②非因劳动者原因停工期间；③劳动者年休假期间；④劳动者在法定休假日期间；⑤劳动者在享受探亲假期间；⑥劳动者在婚丧假期间；⑦劳动者在产假期间。

（2）加班。《劳动合同法》规定："用人单位应当严格执行劳动定额标准，不得强迫或者变相强迫劳动者加班。用人单位安排加班的，应当按照国家有关规定向劳动者支付加班费。"这实际上是对用人单位安排劳动者加班作了限制性规定，也是对《劳动法》规定的工作时间和休息休假制度加以补充。《劳动合同法》关于加班的相关规定主要包含以下三层意思。

1）用人单位不得强迫劳动者加班。

2）用人单位不得变相强迫劳动者加班。

3）用人单位安排劳动者加班的，应当支付其加班费，且规定支付加班费的标准高于一般工资的标准。

四、解除或终止劳动关系

1. 劳动合同的解除

解除劳动合同，即提前终止用人单位和劳动者的合同关系。

（1）协商解除劳动合同。《劳动合同法》规定："用人单位与劳动者协商一致，可以解除劳动合同。"劳动合同的协商解除是指用人单位与劳动者双方在自愿的情况下，互相协商，在彼此达成一致意见的基础上，提前终止劳动合同。但必须符合以下四个条件。

1）被解除的劳动合同是依法订立的有效的劳动合同。

2）解除劳动合同的行为必须是在被解除的劳动合同依法订立生效之后、尚未全部履行之前进行。

3）用人单位与劳动者均有权提出解除劳动合同的请求。

4）协商解除劳动合同在双方自愿、平等协商的基础上达成一致意见，可以不受劳动合同中约定的终止条件的限制。

（2）劳动者解除劳动合同。为了切实保护劳动者的合法权益，《劳动合同法》规定："劳动者提前三十日以书面形式通知用人单位，可以解除劳动合同。劳动者在试用期内提前三日通知用人单位，可以解除劳动合同。"这赋予了劳动者解除劳动合同的自主权，但也规定了提前告知、书面形式通知等法定程序。如果劳动者违反法律规定解除劳动合同，给用人单位造成经济损失，还应当承担赔偿责任。由劳动者提出解除劳动合同的，用人单位可以不支付经济补偿金。

除以上情形外，劳动者还有无条件单方解除劳动合同的特别解除权。根据《劳动合同法》规定，用人单位未按照劳动合同约定提供劳动保护或者劳动条件的;未及时足额支付劳动报酬的;未依法为劳动者缴纳社会保险费的;用人单位的规章制度违反法律法规的规定,损害劳动者权益的;以欺诈、胁迫的手段或者乘人之危,使劳动者在违背真实意思的情况下订立或者变更劳动合同,致使劳动合同无效的;用人单位以暴力、威胁或者非法限制人身自由的手段强迫劳动者劳动的,或者用人单位违章指挥、强令冒险作业危及劳动者人身安全的,劳动者都可以单方解除劳动合同,体现了对劳动者权益的维护。同时,法律规定只有在用人单位有过错行为的情况下才允许劳动者行使特别解除权,以避免对此权利的滥用造成用人单位损失。

(3)过失性辞退。过失性辞退是指因劳动者的过失而使用人单位单方解除劳动合同的情形。《劳动合同法》规定,劳动者有下列情形之一的,用人单位可以单方解除劳动合同。

1)在试用期间被证明不符合录用条件的。

2)严重违反用人单位的规章制度的。

3)严重失职,营私舞弊,给用人单位造成重大损害的。

4)劳动者同时与其他用人单位建立劳动关系,对完成本单位的工作任务造成严重影响,或者经用人单位提出,拒不改正的。

5)以欺诈、胁迫的手段或者乘人之危,使用人单位在违背真实意思的情况下订立或者变更劳动合同,致使劳动合同无效的。

6)被依法追究刑事责任的。

《劳动合同法》在赋予劳动者单方解除权的同时,也赋予用人单位对劳动合同的单方解除权,以保障用人单位的合法权益,但同时为了防止用人单位滥用解除权,法律严格限定了用人单位与劳动者解除劳动合同的条件,禁止用人单位随意或武断地与劳动者解除劳动合同,也体现了对劳动者合法权益的维护。

(4)无过失性辞退。无过失性辞退是指因劳动者非过失性原因和客观情况的变化,导致劳动合同无法履行时,用人单位单方解除劳动合同的情形。《劳动合同法》规定,有下列情形之一的,用人单位提前三十日以书面形式通知劳动者本人或者额外支付劳动者一个月工资后,可以解除劳动合同。

1)劳动者患病或者非因工负伤,在规定的医疗期满后不能从事原工作,也不能从事由用人单位另行安排的工作的。

2)劳动者不能胜任工作,经过培训或者调整工作岗位,仍不能胜任工作的。

3)劳动合同订立时所依据的客观情况发生重大变化,致使劳动合同无法履行，经用人单位与劳动者协商，未能就变更劳动合同内容达成协议的。这里的客观情况既包括用人单位的，如经营发生困难、亏损等，也有劳动者自身的原因，如身体原因不能胜任工作等。对因客观情况变化导致劳动合同解除，《劳动合同法》规定了"提前通知"或"额外支付劳动者工资"，目的在于保护劳动者的权益，为劳动者寻找新的工作提供必要的时间保障。

（5）经济性裁员。经济性裁员是指由于企业经营问题解雇部分劳动者，主要原因是经济性原因而不是劳动者个人原因。《劳动合同法》规定，用人单位有下列情形之一，需要裁减人员二十人以上或者裁减不足二十人但占企业职工总数10%以上的，用人单位提前三十日向工会或者全体职工说明情况，听取工会或者职工的意见后，裁减人员方案经向劳动行政部门报告，可以裁减人员。

1）依照《中华人民共和国企业破产法》规定进行重整的。

2）生产经营发生严重困难的。

3）企业转产、重大技术革新或者经营方式调整，经变更劳动合同后，仍需裁减人员的。

4）其他因劳动合同订立时所依据的客观经济情况发生重大变化，致使劳动合同无法履行的。

因为经济性裁员涉及职工安置和社会稳定，所以确定必须经过四个法定程序：一是提前三十日；二是向工会或者全体职工说明情况；三是听取工会或者职工的意见；四是向劳动行政部门报告。同时，《劳动合同法》对裁减人员时，应当优先留用的人员做出规定：一是与本单位订立较长期限的固定期限劳动合同的人员；二是与本单位订立无固定期限劳动合同的人员；三是家庭无其他就业人员，有需要扶养的老人或者未成年人的人员。

（6）不能解除劳动合同的规定。根据《劳动合同法》规定，劳动者有特殊情形的，用人单位不能对劳动者进行无过失性辞退和经济性裁员，主要涉及职业病、工伤、伤病、女职工三期（孕期、产期、哺乳期）等情况，其目的是更多保护弱势劳动者。

2. 劳动合同的终止

劳动合同的终止，是指劳动合同关系自然终结失效。《劳动合同法》规定，有下列情形之一的，劳动合同终止。

（1）劳动合同期满的。

（2）劳动者开始依法享受基本养老保险待遇的。

（3）劳动者死亡，或者被人民法院宣告死亡或者宣告失踪的。

（4）用人单位被依法宣告破产的。

（5）用人单位被吊销营业执照、责令关闭、撤销或者用人单位决定提前解散的。

（6）法律、行政法规规定的其他情形。

3. 经济补偿金

经济补偿金是在劳动合同解除或终止后，用人单位依法按照一定标准一次性支付给劳动者的经济补助。《劳动合同法》对用人单位应当向劳动者支付经济补偿的情形和支付标准作出具体规定，目的是规范用人单位解除或终止劳动合同的用工行为，同时，也使当事劳动者的损失得到补偿。

经济补偿的法定情形：①劳动者因用人单位的过错而单方提出与用人单位解除劳动合同的；②用人单位与劳动者协商一致解除劳动合同的；③用人单位因为劳动者存在过错之外的原因而单方决定与劳动者解除劳动合同的；④用人单位依照企业破产法规定进行重整、被依法宣告破产、吊销营业执照、责令关闭、撤销或者用人单位决定提前解散等情形终止劳动合同的；⑤除用人单位维持或者提高劳动合同约定条件续订劳动合同，劳动者不同意续订的情形外，因劳动合同期满终止固定期限劳动合同的；⑥法律、行政法规规定的其他情形。

经济补偿按劳动者在本单位工作的年限，每满一年支付一个月工资的标准向劳动者支付。六个月以上不满一年的，按一年计算；不满六个月的，向劳动者支付半个月工资的经济补偿。这里所说的月工资是指劳动者在劳动合同解除或者终止前十二个月的平均工资。

五、特别规定

《劳动合同法》在规范常规用工行为和劳动关系的基础上，还对集体合同、劳务派遣和非全日制用工做出了特别规定。

1. 集体合同

集体合同是指企业职工一方与用人单位通过平等协商，就劳动报酬、工作时间、休息休假、劳动安全卫生、保险福利等事项达成的书面协议。集体合同由工会代表企业职工一方与用人单位订立。在县级以下区域内，建筑业、采矿业、餐饮服务业等行业可以由工会与企业方面代表订立行业性集体合同，或者订立区域性集体合同。集体合同中劳动报酬和劳动条件等标准不得低于当地人民政府规定的最低标准；用人单位与劳动者订立的劳动合同中劳动报酬和劳动条件等标准不得低于集体合同规定的标准。用人单位违反集体合同，侵犯职工劳动权益的，工会可以依法要求用人单位承担责任；因履行集体合同发生争议，经协商解决不成的，工会可以依法申请仲裁、提起诉讼。

集体合同有助于企业发展生产，并整体改善职工生产条件和福利待遇，有利于更好体现职工在企业中的主体地位，有助于发挥工会作用，促进企业民主管理和改善经营管理。

2. 劳务派遣

劳动合同用工是我国企业的基本用工形式，劳务派遣用工是补充形式。在修正后的《劳动合同法》中增加规定："经营劳务派遣业务，应当向劳动行政部门依法申请行政许可。""未经许可，任何单位和个人不得经营劳务派遣业务。"在对劳务派遣明确规定要实施行政许可的同时，还明确对劳务派遣经营设定准入门槛，人力资源社会保障部发布了配套规章《劳务派遣行政许可实施办法》。

劳务派遣涉及三方关系，即劳务派遣单位与被派遣劳动者之间、劳务派遣单位与接受以劳务派遣形式用工的单位即用工单位之间、用工单位与被派遣劳动者之间的三方关系。

劳务派遣单位与被派遣劳动者之间存在劳动关系，劳务派遣单位向社会招用劳动者，并对招用的劳动者进行派遣，行使劳动人事管理权，同时劳务派遣单位承担对劳动者支付劳动报酬和社会福利的义务。根据《劳动合同法》的规定，劳务派遣单位要与被派遣劳动者订立劳动合同，按月支付劳动报酬；在被派遣劳动者无工作期间，按最低工资标准按月支付报酬。

劳务派遣单位与用工单位之间是民事关系，双方订立派遣协议，确定双方权利义务，劳务派遣单位根据用工单位的标准派遣符合要求的劳动者，用工单位根据协议向派遣单位支付报酬或管理费。

用工单位与被派遣劳动者之间构成的是劳务关系，用工单位负责在劳动过程中对被派遣劳动者进行指挥和管理，劳动者要遵守用工单位的规章制度。《劳动合同法》规定，被派遣劳动者享有与用工单位的劳动者同工同酬的权利。对于劳务派遣单位跨地区派遣劳动者的，其劳动报酬和劳动条件按照用工单位所在地的标准执行。法律还明令不得克扣被派遣劳动者的劳动报酬，不得向被派遣劳动者收取费用。

3. 非全日制用工

非全日制用工是指以小时计酬为主，劳动者在同一用人单位一般平均每日工作时间不超过四小时，每周工作时间累计不超过二十四小时的用工形式。非全日制用工已广泛应用于家政服务、餐饮、超市、社区服务等领域。非全日制用工双方当事人可以订立口头协议，任何一方都可以随时通知对方终止用工。用人单位终止用工时不向劳动者支付经济补偿。从事非全日制用工的劳动者可以与一个或者一个以上用人单位订立劳动合同。非全日制用工小时计酬标准不得低于用人单位所在地人民政府规定的最低小时工资标准。劳动报酬结算支付周期最长不得超过十五日。

思考题

1. 简述劳动合同的三个种类和订立无固定期限劳动合同的三种特别情形。
2. 简述解除劳动合同的不同情形。
3. 简述劳动者应当获得经济补偿金的法定情形和标准。

培训课程 4 《劳动保障监察条例》相关知识

学习目标

1. 了解《劳动保障监察条例》的实施意义。
2. 了解劳动保障监察职责与监察事项。
3. 了解劳动保障监察程序和工作要求。

一、《劳动保障监察条例》概述

《劳动保障监察条例》（以下简称《条例》）于 2004 年 12 月 1 日起施行。劳动和社会保障部制定了《关于实施〈劳动保障监察条例〉若干规定》，自 2005 年 2 月 1 日起施行。《条例》总结了十多年来劳动保障监察工作的经验，规范了劳动保障监察程序，明确了劳动保障行政部门、用人单位和劳动者在劳动保障监察工作中的权利与义务，强化了劳动保障监察执法手段。《条例》的贯彻实施，对于进一步加大劳动保障监察执法力度，规范劳动保障监察执法行为，维护劳动者的合法权益，完善劳动和社会保障法律体系，促进劳动关系的和谐与经济社会的发展具有重要意义。

1. 适用范围

《条例》明确规定，对企业和个体工商户（以下称用人单位）进行劳动保障监察，适用本条例；对职业介绍机构、职业技能培训机构和职业技能考核鉴定机构进行劳动保障监察，依照本条例执行；对国家机关、事业单位、社会团体执行劳动保障法律法规和规章的情况，由劳动保障行政部门根据其职责，依照本条例实施劳动保障监察。

同时，为了解决当前突出的非法用工主体侵犯劳动者合法权益的问题，《条例》规定，对无营业执照或者已被依法吊销营业执照，有劳动用工行为的，由劳动保障行政部门依照本条例实施劳动保障监察，并及时通报工商行政管理部门予以查处取缔。

2. 劳动保障监察执法主体

劳动保障行政部门是劳动保障监察主体。同时，《条例》还规定，县级、设区的市级人民政府劳动保障行政部门可以委托符合监察执法条件的组织具体实施劳动保障监察。另外，虽然《条例》未明确规定省级劳动保障行政部门是否可以委托，但省级劳动保障行政部门可以根据工作需要，依据《中华人民共和国行政处罚法》《社会保险费征缴监督检查办法》的有关规定，委托省级劳动保障监察机构实施劳动保障监察。劳动保障行政部门和受委托实施劳动保障监察的组织中的劳动保障监察员应当经过相应的考核或者考试录用。

3. 劳动保障监察职责与监察事项

（1）监察职责

1）宣传劳动保障法律法规和规章，督促用人单位贯彻执行。

2）检查用人单位遵守劳动保障法律法规和规章的情况。

3）受理对违反劳动保障法律法规或者规章的行为的举报、投诉。

4）依法纠正和查处违反劳动保障法律法规或者规章的行为。

（2）监察事项

1）用人单位制定内部劳动保障规章制度的情况。

2）用人单位与劳动者订立劳动合同的情况。

3）用人单位遵守禁止使用童工规定的情况。

4）用人单位遵守女职工和未成年工特殊劳动保护规定的情况。

5）用人单位遵守工作时间和休息休假规定的情况。

6）用人单位支付劳动者工资和执行最低工资标准的情况。

7）用人单位参加各项社会保险和缴纳社会保险费的情况。

8）职业介绍机构、职业技能培训机构和职业技能考核鉴定机构遵守国家有关职业介绍、职业技能培训和职业技能考核鉴定的规定的情况。

9）法律法规规定的其他劳动保障监察事项。

二、劳动保障监察程序

1. 受理与立案

（1）日常巡视检查和书面审查。劳动保障监察以日常巡视检查、审查用人单位按照要求报送的书面材料以及接受举报投诉等形式进行。劳动保障行政部门认为用人单位有违反劳动保障法律法规或者规章的行为，需要进行调查处理的，应当及时立案。

（2）举报和投诉。任何组织或者个人对违反劳动保障法律法规或者规章的行为有权向劳动保障行政部门举报；劳动者认为用人单位侵犯其劳动保障合法权益的，有权向劳动保障行政部门投诉。劳动保障行政部门或者受委托实施劳动保障监察的组织应当设立举报、投诉信箱和电话。

2. 调查与检查

劳动保障行政部门实施劳动保障监察，有权采取下列调查、检查措施。

（1）进入用人单位的劳动场所进行检查。

（2）就调查、检查事项询问有关人员。

（3）要求用人单位提供与调查、检查事项相关的文件资料，并作出解释和说明，必要时可以发出调查询问书。

（4）采取记录、录音、录像、照相或者复制等方式收集有关情况和资料。

（5）委托会计师事务所对用人单位工资支付、缴纳社会保险费的情况进行审计。

（6）法律法规规定可以由劳动保障行政部门采取的其他调查、检查措施。

劳动保障行政部门对事实清楚、证据确凿、可以当场处理的违反劳动保障法律法规或者规章的行为有权当场予以纠正。

3. 案件处理

劳动保障行政部门对违反劳动保障法律法规或者规章的行为的调查，应当自立案之日起 60 个工作日内完成；对情况复杂的，经劳动保障行政部门负责人批准，可以延长 30 个工作日。

劳动保障行政部门对违反劳动保障法律法规或者规章的行为，根据调查、检查的结果，可以作出以下处理。

（1）对依法应当受到行政处罚的，依法作出行政处罚决定。

（2）对应当改正未改正的，依法责令改正或者作出相应的行政处理决定。

（3）对情节轻微且已改正的，撤销立案。

发现违法案件不属于劳动保障监察事项的，应当及时移送有关部门处理；涉嫌犯罪的，应当依法移送司法机关。

思考题

1. 简述劳动保障监察的职责和具体监察事项。
2. 简述劳动保障监察的一般工作程序。